真宗新書

浄土真宗入門

―親鸞の教え

池田勇諦
Ikeda Yuutai

浄土真宗入門
―親鸞の教え

もくじ

序章　「入門」を問う

わかっていたはずの人生がわからなくなる、この歩みこそ真宗《しんしゅう》入門の歩みでありましょう。

「入門」は名詞ではなく、動詞である

今回「真宗入門」という課題をいただきましたが、はじめに「真宗入門」という課題そのものについて、これをどう受けとめるのか、その点を自問したいのです。と言いますのは、私は、「真宗入門」は〝真宗入門とは何か〟を問うことから始めなければならないと考えるからです。

実は、時々「真宗入門」というテーマをいただいてお話を依頼されることがあるのですが、そんなとき私は、どんなお話を望んでおられるのかを必ずお尋ねするのです。すると、「真宗の教えを初めて聞くような人たちに集まってもらいま

すので、極めて初歩的なところを話していただきたいと思いまして…」などとおっしゃいます。

確かに一般的には「○○入門」と言えば、一つの領域の入り口のところを取りあげる初心者向きの話ということになるようです。そうしますと「入門」は「概論」とか、「特殊講義」とかと区別する意味での分類概念であり、名詞なのでしょう。

しかし私は「真宗入門」と承《うけたまわ》ると、何よりも『歎異抄《たんにしょう》』の序文が告げる「幸いに有縁《うえん》の知識に依《よ》らずは、いかでか易行《いぎょう》の一門《いちもん》に入《い》ることをえんや」（よき師に出遇《であ》うことがなければ、易行の一門に入ることはできないだろう）という言葉を想起するのです。ここに「易行の一門に入る」とありますが、それは法然上人《ほうねんしょうにん》・親鸞聖人《しんらんしょうにん》の「ただ念仏して」（専修《せんじゅ》念仏）の一門に入ることでしょう。ならば焦点は門に「入る」ということです。

「入る」ということで言えば、親鸞聖人が七高僧《しちこうそう》の一人と讃《たた》えられた龍樹菩薩《りゅうじゅぼさつ》*1（一五〇～二五〇頃）は、「「入《にゅう》」は、正《まさ》しく道《どう》を行《ぎょう》ずるがゆえに、名づけて「入《にゅう》」とす」（『教行信証《きょうぎょうしんしょう》』行巻）と言われています。そうすると、「ただ念仏して」の一門に入るということは、念仏の道を正しく行じる、つまり念仏が自分の生きることと一つにならなければならないのでしょう。

そこから言いますと、「入」とは、「選び」とその「反復」を内容としています。つまり「ただ念仏して」に生きる者となるという最初の選び・決断と、そこに始まる選びの「反復」という歩みです。

「反復」というのは、私たちの生活の場は、つねに問題と出会って苦しんだり悩んだりの繰り返しですね。その現実から「ただ念仏して」の決断の初心が幾度となく確かめ直されていくことでしょう。その意味で「真宗入門」は実践概念であり動詞です。

「答え」は「問い」の中にしかない

これはたまたまラジオで聞いた、アニメ映画で著名な宮崎駿《はやお》監督の発言です。「現代のあらゆる領域における行き詰まり状況は、戦後日本人が万事について〝どうしたらよいか〟という対症療法的発想でやってきたことのツケではないだろうか。それに対して、鎌倉期に出現した法然・親鸞という人は〝なぜか〟という根本的思考を生きた人ではなかったか。この発想こそ現代のわれわれが学ばねばならぬ一点ではなかろうか」。私の記憶では、おおむねこんなことをおっしゃっていました。

かつて、「テロなくすための戦争、テロを生み」という川柳がありました。それはまさに、対症療法的な発想では報復の連鎖を断ち切ることはできないことを語っています。

作家の故・遠藤周作さんが、「本当の宗教というのは、神も仏もないのかと思ったところから出発するものじゃないか（中略）私に子供がいて、それが癌《がん》にかかったとするると「神様、お願いします、助けてください」と、親だから当然祈ります。にもかかわらず死んでしまったら、奇跡も何もないじゃないか、神も仏もないじゃないかと思うでしょう。でも、そういうところから本当に宗教が始まるんではないでしょうか」（『神と私―人生の真実を求めて―』海竜社）ということを書かれていました。

これを私があるところでお話ししましたら、ある人が「本当に宗教が始まるとは、何が始まるのですか」と言われ、あらためて考えさせられました。私たちは宗教についても対症療法的な発想しかないのです。そこには次から次へと「答え」を追いかける姿勢しかありません。しかし、「答え」は「問い」の中にしかないのです。「神も仏もないじゃないか」と崩れ落ちたその事実の中にしか、見出すべき真実はないのです。その意味で「問い」がすべてなのです。だから私は、仏法には玄関も奥座敷もないと申したい。

わかってしまっている私たち

私たちは教えによって、「問い」そのものの意味を聞思《もんし》していくことが求められています。それだけに「真宗入門」とは、自分の考えの延長線上で真宗がわかるようになることではなく、むしろ自分の思考・分別《ふんべつ》が問い返されていく学びとして真宗の教えが迫ってくることでないでしょうか。

日ごろ「仏法がわからん」という溜め息のような発言によく接します。誰しもが通る道ですが、それについても忘れられないことがあります。

以前、お寺の集いで、清沢満之《きよざわまんし》[*2]師（一八六三～一九〇三）の絶筆『我が信念』を読んでいたときのことです。「私は何が善だやら、何が悪だやら、（中略）何が幸福だやら、何が不幸だやら、何も知り分くる能力のない私……」という文章のところで、ある人が「清沢先生ですらわからんと言われているのやから、私たちがわかるはずがないですよね」と発言されたので、思わず大笑いになったのです。

それはなぜか。まったく逆だからです。清沢先生だから、わからんとおっしゃった。私たちはわかっているのですね。健康であることは幸福、病気は不幸。お金があることは幸福、貧乏は不幸…。みんなわかっているから、仏法に相談する必要がないのです。

健康であっても暗い顔もあれば、病気であっても明るい顔もある…。何が幸福なのか、何が不幸なのか、何が善なのか、何が悪なのか、わからなくなる。わかっていたはずの人生がわからなくなる、この歩みこそ真宗入門の歩みでありましょう。

わからんことになって、わかる真宗。わかっているから、わからん真宗。妙ですね。

＊1　龍樹…初期大乗仏教を確立した古代インドの論師。

＊2　清沢満之…明治期に活躍し、近代教学の確立に尽力した真宗大谷派の学僧。

第1章　「浄土」とは

浄土とは、私たちを離れて、どこかに思い描かれるような世界ではない。

「真宗」は問い、「浄土」は答えである

まず「浄土真宗」とは何でしょうか。天台《てんだい》宗とか曹洞《そうとう》宗といった宗派の名前のひとつとして受けとめておられる方が多いことでしょう。しかし、親鸞聖人が、主著『教行信証』の序文の後に「真実の教　浄土真宗」と宣言されたのは、師である法然上人が選び取られた「浄土宗」という仏道の真実の意義を明らかにするという お立場に立たれたということであります。ですからこれは、単に宗派の名前にとどまりません。

私は、「浄土真宗」の四文字を次のように受けとめています。すなわち「真宗」

は「問い」であり、「浄土」は「答え」であると。

「真宗」とは「真実の宗《むね》（根拠）」です。そして真宗とは、人生の真実の宗は何か、つまり私たちは何を根拠に生き死にするのかという、人間にとって根本的な問いかけであります。この根本的な問いに、阿弥陀仏《あみだぶつ》の本願《ほんがん》は「浄土」という二文字をもって応答されている。そのことを明らかにされたのが親鸞聖人でした。

その意味で、「浄土」を離れて真宗は成り立ちません。浄土こそ真宗のいのちなのですが、その浄土が今日もっともわからなくなっているのが現実です。現に、私たちが「浄土」を考えるとき、さまざまな先入観や既成観念を根深く引きずっており、容易にその本当の意味が受けとめられないということがあります。

その第一が、私たちの体質にまでしみついたアニミズム、つまり私たちには霊魂というものがあって、それが死んでからも残るという考え方によって汚染された浄土観でしょう。皆さま方の中にも、「念仏往生《おうじょう》」と言えば、「この世で念仏を称《とな》えると、死んでから霊魂が極楽浄土という他界へ「転生する」と思っている方がおられるのではないでしょうか。

このアニミズムの観念がいかに根深く私たちをとらえているか。日ごろは合理主義者を自認している人でも、いったん家族の病気や会社の倒産といった不如意《ふにょい》なこと(思いどおりにならないこと)に出くわしますと、とたんにテレビに出てくる霊能力者の言葉を信じたり、占いに頼ってみたりと、霊信仰の泥沼に引きずり込まれてしまう。そういう姿が雄弁に語るところでないでしょうか。

アニミズムに汚染された浄土観も、人間のきわめてプリミティブ(原始的)な宗教心にはちがいないのですが、そうした無明《むみょう》性(真理《しんり》に気づけない人間のあり方)を自覚的に突き抜け、すべての人が平等に救われるという阿弥陀如来《にょらい》の本願の仏道に立たれた親鸞聖人が願われた浄土をこそ、私たちは明らかに聞き開かねばならないのです。

「わからんはずじゃも近すぎて」

親鸞聖人は、『教行信証』の中で、真実の浄土（真仏土《しんぶつど》）について、「謹《つつし》んで真仏土を案ずれば、（中略）大悲《だいひ》の誓願《せいがん》に酬報《しゅうほう》するがゆえに、真の報仏土と曰《い》うなり」と書いておられます。つまり、真実の浄土とは、阿弥陀如来の本願の報《むく》いとしてあらわれた「報土《ほうど》」である。浄土とは私たちを離れてどこかに想い描かれるような世界ではなく、私たちの上に本願が真実信心として実ることを目的として現れた世界だということでしょう。

ですからそれは、私たちが仏さまの教えをいただいて、「本願を信じ念仏をもうす」身となることがなければ知ることのできない世界ですし、そのことを抜きにして浄土と言っても、私たちとは無縁なものと言わざるをえないのでしょう。

私たちの思慮・分別からは、浄土というものを、ここではないどこかよそにある場所のように実体化し、対象化して、「どこにあるのだろうか」「本当にあるのだろうか」という形でしか考えられない。だから自分自身の目覚め、信心に結びつかないのです。自分自身のあり方はわかっているつもりで不問に付したまま、浄土だけを問題にしていく。「浄土はいかなる世界か」という本質をたずねることもなく、ただ有るか無いか、この世かあの世かだけを問題にしているようなありさまです。そうした私たちの思慮・分別が根底から問い返されることをとおして、阿弥陀如来《にょらい》の本願の心に目覚めるほかに明らかになるすべのない浄土。それが親鸞聖人の願われた浄土だったのです。

福井の妙好人《みょうこうにん》*1、故・前川五郎松翁《ごろうまつおう》が、このことに気づいた驚きを「うら（私）の仏法は極楽さがし、十万億までさがいてみたが、今が今でも見つからん、わからんまんまでクタバッタ、わからんはずじゃも近すぎて」と、味わい深く語っておられます。

いつでも、どこでも、誰の上にも到来する国土

経典の中で、浄土はしばしば「国土」という言葉で表わされます。その場合、なぜ国土という言葉で表現されるのかが見すえられねばならないでしょう。国土の「土」とは、そこで人間が生きていくことが成り立つような場所です。それゆえ本願は、生きるべき国土を失った私たちに「真の国土」となろうという願心の表現なのです。つまり居場所を喪失した私たちに「真の居場所」となろうという仏さまの願いがかたちとなって現れているのが浄土です。

阿弥陀如来は「光明《こうみょう》無量・寿命無量」の仏さまです。ですから阿弥陀仏の本願は、「大悲ものうきことなくて／つねにわが身をてらすなり」と和讃《わさん》にもうたわれるように、「いつでも」「どこでも」私たちを照らし、寄り添ってくださっている。そして、その「どこでも」というのは「ここ」に極まり、「いつでも」とい

うのは「いま」を離れないのです。

私たちは、浄土へ往生すると言うと、「いつか」「どこか」いいところへ行けると考えがちです。しかし浄土が私たち自身のこととして明らかになってくると、「いつか」「どこか」ではなく、「いま」がいちばん適切なときであり、「ここ」がいちばん大事なところであることが見えてきます。こうした真実の「いま」「ここ」が見えてくるということこそ、浄土が真実信心として、私たちの真の居場所となってはたらくという事実を示しているのでありましょう。

この「いま」「ここ」の見開きに立つことがなければ浄土はどこにもなく、この見開きに立つかぎり、浄土はいつでも、どこでも、誰の上にも到来している国土なのです。

＊1　妙好人…浄土真宗の在家の篤信者で、深く聞法して、自らの人生を真剣に生き抜かれた人のこと。

地獄も浄土も「造ったからある」。造らなければないのです。

日ごろから地獄を造りだしている私たち

先に、浄土とは私たちが「本願を信じ念仏をもうす」身となることがなければ知ることのできない世界であって、そのことを抜きにして浄土と言っても、私たちとは無縁なものと言わざるをえない、ということを申しあげました。つまり、私たちが「浄土」を明らかに知るということは、自分自身を明らかに知ることなのでしょう。

しかし私たちの実際は、自分自身は自明のこととして不問のままにしておき、浄土だけをあげつらい、「浄土はあるのかないのか」「浄土へ往生するのは死後か生前か」などといったことばかりを問うているようなありさまです。

仏教は、浄土をはじめ実にさまざまな国土を説いています。「欲界《よくかい》」・「色界《しきかい》」・「無色界《むしきかい》」の三界《さんがい》。「地獄《じごく》」・「餓鬼《がき》」・「畜生《ちくしょう》」・「修羅《しゅら》」・「人《にん》」・「天《てん》」の六趣《ろくしゅ》。それに「声聞《しょうもん》」・「縁覚《えんがく》」・「菩薩《ぼさつ》」・「仏《ぶつ》」の四界《しかい》を加えて十界《じっかい》、等々があります。

では、そのようにさまざまな国土が説かれるのはいったいなぜでしょうか。その原理は、実はきわめて簡明です。それは「業縁起《ごうえんぎ》」ということなのです。「業」というのは複雑な言葉ですが、文字からすれば「わざ」、つまり「行為」です。しかも私たち人間の業には、「身《しん》・口《く》・意《い》の三業《さんごう》」と言われるように、身の行為《ふるまい》・口の行為《ことば》・意の行為《こころ》の三つがあります。「業縁起」とは、そうした業に縁《よ》って生起《しょうき》する境遇《きょうぐう》ということです。

「地獄や浄土は本当にあるのか、ないのか」といったことが問題になるとき、私がよく申すことがあります。「いま私の前に机（教卓）がありますなぜあるのですか」とおたずねするのです。すると皆さんはむつかしそうな顔をされて返事がない。私はそんなむつかしいことを問うているのでなく、答えは極めて単純なことなのです。それは「造ったからある」のです。それだけです。

地獄も浄土も、造らなければないのです。そう考えると、日ごろから「会社であいつより地位が低いのが口惜《くや》しい」とか「誰それに遺産を取られはしないだろうか」などと我執煩悩《がしゅうぼんのう》に生きている私たちの生活から、地獄がないと言えるでしょうか。私たちは現に日々、地獄を造りだしているではありませんか。

かつて故・正親含英《おうぎがんえい》先生（真宗大谷派僧侶）からお聞きした言葉があります。正確でないかもしれませんが、こんな内容だったと思います。

地獄が無いと言うてる人が
日日《ひにち》毎日煩悩の
炎を燃して生きている。

　　地獄が有ると言うてる人が
　　地獄を忘れて暮らしている。
何ときびしい言葉でしょうか。

浄土は、私たちの仏道の出発点である

ここで、親鸞聖人が、『教行信証』真仏土巻で、「浄土」にふたつの側面を見すえておられることに注目すべきでしょう。

ひとつは、浄土とは私たちが歩む仏道、つまり真実信心に開かれる私たちの人生が目指していく帰着点となる国土だということ。

いまひとつは、それゆえに浄土は私たちの仏道、真実信心が成り立つ根源であり、出発点となる国土であるということ。

出発点と帰着点。このようなふたつの側面を考えますと、浄土とは私たちが人

生の最後におもむく国土というより、むしろ人生の出発点において見出す国土であるというべきでしょう。そうしますと、大切なことは、私たちが浄土に根拠をおいて、この世で生きることに誠を尽くしていくことになってきます。

「信心」についてはまた後ほど詳しく申し上げますが、真実信心こそ、このふたつの側面を統一する体験です。そのことは、真実信心とは私心によって信じたり疑ったりするような信でなく、どこまでも仏さまの大悲の表現としての信心であることを告げています。

親鸞聖人は、法然上人と出遇われ、「雑行《ぞうぎょう》を棄《す》てて本願に帰す」と宣言されました。つまり、自分の力で修行したり善行を積むというような信心のあり方を離れ、阿弥陀如来の大悲のお心に発する本願に帰依《きえ》すると言われたのです。真実信心とは、このような私心による信心からの出離、立場の質的転換にほかならないのです。このことは、真実信心が「如来よりたまわりたる信心」と仰がれるゆえんです。

浄土が到来する事実こそ真実信心の覚醒である

ここで、親鸞聖人がおつくりになった「正信偈《しょうしんげ》」に「報土因果顕誓願《ほうどいんがけんせいがん》」（報土の因果、誓願に顕す）とある言葉が想い合わされてなりません。それというのも私たちは、日ごろのお勤《つと》めでこの一句に接しながら、「因果」の「因」だけを見て、「果」が抜け落ちた読みかたをしていないかどうか、反省させられるからです。

浄土は、私たちのために仏さまが建立《こんりゅう》を発願《ほつがん》されたということから、浄土の「因」が本願だということは、いちおう受けとめられます。ですがここでは、浄土の「果」も本願だと告げられているのですから、建立された浄土という国土もまた本願だということでしょう。つまり、本願のはたらく領域こそを浄土と説かれているのです。

かたち・すがたを超えた本願が、かたち・すがた（荘厳《かざり》・光明《ひかり》）となって自己を表現し、私たちの国土喪失の闇を破って、真実の「いま」「ここ」、つまり真実の国土、居場所として到来する。その事実こそ、私たちが本願に呼び覚まされた真実信心のすがたではありませんか。

信心を「タマゴ」に、浄土を「ニワトリ」に譬《たと》えて言えば、「タマゴが先かニワトリが先か」という問題と同じで決着がつかぬのかというと、そうではありません。因―果という順番からいえば、タマゴ（信心）が先でニワトリ（浄土）が後です。しかしタマゴ（信心）がニワトリ（浄土）になるのはなぜか。それはもともと、ニワトリ（浄土）がタマゴ（信心）を生んでいるからです。

「本願の仏道は、終わりから始まっている」。先達《せんだつ》が私たちに残してくださったこの一言が痛快に響きます。

「死んだらどうなるのか」と問わずにいられない私たち。

「問い」がどれだけ成熟しているか

「近頃の真宗は、現在の救いばかりを強調して、死後の救いを説かなくなったのではないか」。

こうしたご意見を時々承ることがあります。このご意見は「浄土」の問題の根本に関わるだけに、ここでぜひふれておきたいと思います。

「死んだらどうなるか」という問題は、人間がつねに引きずってきた古くて新しい疑問です。この問いに対して、私たちはいつも性急に「答え」ばかりを要求します。でも、仮にひとつの答えを聞いたとしても、それが自分の「答え」になるだけの「問い」が自分の中で成熟していなければ、「あ、そう」で終わってしまい、何の活力にもならないのではないでしょうか。

作家の五木寛之さんが、『元気』（幻冬舎文庫）という著書の中でこの問いを取りあげて、次のように言われています。

死とは「いのち」の帰還である。「たましいの故郷」としての「元気の海」への帰還である。そう思うことができたら、その時はじめて私たちは「元気に生き」、「元気に死ぬ」ことができるだろう。

ここにいう「元気」とは、文字どおり「万物を生成する根元的な精気」、つまり生命の根源、万物を育くむ天地のエネルギーであって、五木さんはそれを親鸞聖人にならって「海」にイメージすると言われています。

続いて、

人は天寿には逆らえない。天からのあたえられた寿命をまっとうする最後のその日まで元気に生きるにはどうすればよいか。「ものの考え方を変える」それが根本だというのが私の結論だ。

と述べられています。

これは五木さんが出されたひとつの答えでしょうが、これを読んだ人にとってこの答えが生きる力になるか否かは、取捨を含めて、ひとえに一人ひとりの問いの成熟度によって異なってくることでしょう。

「絶対の現在」をいただく救い

私たちは日ごろ、「死」のことはなるべく考えないようにして生きています。私は時々、「死を思わないからこそ、生きていることが空《むな》しいのでは?」と思います。

しかしそれでも、「死んだらどうなるか」を問わないではいられない。そこにあるのは、死後のことへの関心というより、むしろ死への不安、自分がこの地上から消え去ることへの恐怖ではないでしょうか。

ところで、お釈迦さまは、「死後の世界はあるのか」という問いかけに、あえて答えを出しませんでした。このお釈迦さまの態度が意味するものは何かを、私はしばしば考えさせられるのです。おそらく仏教は、「死後」のこと、来世への関心より、「死は自分にとって何か」という死生観を課題として、一人ひとりがそれを主体的に問うていくことを大切にしていたのではなかったかと思われます。

親鸞聖人は『教行信証』の中で、「臨終一念の夕《ゆうべ》、大般涅槃《だいはつねはん》を超証《ちょうしょう》す」と明言されています。人生の最後の一息が終わるとき、大般涅槃といわれる仏さまのさとりの世界を「超証」する。つまり、命終は自分にとって、生まれた目的を果たし遂げたときだと言い切られているのです。

このとき注意したい点は、「超証」（超えてさとる）ということばです。これは死んでからさとるとか、死んだら仏になるといった意味ではありません。「死んでから」といった分別《ふんべつ》が介入すれば、涅槃も浄土も実体化された観念的なものになってしまいます。「超えてさとる」とは、そのような分別がひるがえされ、ひとえに本願の力（他力）によってさとりの世界へ入っていく、それが「超えてさとる」ということでしょう。

私たちは、これまでの人生の完成として臨終を迎えるとき、涅槃（さとりの世界）へと帰っていくと言えるようないのち、いわば「涅槃するいのち」であることに「いま」目覚めることが願われているのです。そのことに目覚めたとき、この世で生きることは「涅槃するいのち」の歩みとなり、涅槃に方向づけられた人生を賜《たまわ》るのでありましょう。

そうした私たちにとって、救いとは、過去から未来までを貫く「絶対の現在」

をいただく救いであります。それは過去からも未来からも切り離され、「あとは野となれ山となれ」とか「いまさえよければ」というような「いま」ではありません。そうした刹那《せつな》的な現在しか知らずに生きる無明性が破られ、自分にかけられていた願いに目覚めることによって初めて成り立つ救いであります。

「近頃の真宗は、現在の救いばかりを強調して、死後の救いを説かなくなったのではないか」という、はじめに取り上げたご意見は、「現在の救い」ということを勘違いされているのではないでしょうか。繰り返しになりますが、それは「生前」とか「死後」ということではなく、過去から未来までを貫く「絶対の現在」をいただく救いなのです。

現実を相対化する存在の大地

先ほど「問いの成熟度」と言いましたが、それは「どうしたら救われるのか」

といった対症療法的な発想から、「なぜか」という自分自身への問い返しへと「問い」が深化していくことを意味します。いま生きていながら、なぜ死後が問題になるのか。実は、生きていること自体が意味不明なのではないのか。生きる意味もわからぬままに、ただ生きている。否、動いているだけではないのか。いま生きていることが、涅槃するいのちを生きているのだということに目覚めることなくして、生きる意味がどうして判然とするでしょうか。

それにつけても強くひかれるのは、中国の善導大師[*1]（六一三〜六八一）が、「仏に従いて本国にかえる」と、「本国」ということばで浄土を表しておられることです。先に申し上げましたように、浄土はしばしば「国土」と表現されます。「国土」とはもちろん、私たちが現在生きているこの国の土地ということではありません。浄土は、我執我見によるこの世とは異質のものです。「国土」、そして「本国」とは、私たちが生きているこの現実を「他郷」あるいは「魔郷」と批判し相対化する原理としてはたらく、私たちの存在の大地（根っこ）、真の故郷を表す言葉なのです。

＊1　善導…中国・唐代に活躍した浄土教の祖師。親鸞聖人が七高僧の一人として讃えられた。

第2章　「往生」とは

自分にとって「浄土に生まれる」とはいかなる体験なのか？

「往生《おうじょう》」とは「浄土に生まれる」こと

前章まで「浄土」について述べてきました。次に「往生」ということについて述べたいと思います。

私たちは普段、「往生」という言葉をどんな意味で使っているでしょうか。まず〝死ぬこと〟。そうですね。「あの方は九十歳で大往生だった」などと申します。それから〝どうしようもなくなって行き詰まること〟。「雨が降ってきたのに傘がなくて往生した」などと言います。

特に「往生」が〝死ぬこと〟と理解されているのは、「浄土」の場合と同じように、〝往生とは死んでから来世において浄土へ生まれることだ〟という考えが一般化しているからでしょう。

教えから言えば、「往生」とは「死ぬこと」ではなく、「浄土に生まれること」を意味します。だから、「浄土」と言えば、そこに「往生」ということが離れないのです。

しかし、「浄土に生まれる」とは具体的にはいったいどういうことなのか。私たちは、一歩踏み込んで、そのことを教えに問わねばなりません。それは何よりも私自身、長年にわたって引きずってきた問題です。自分にとって「浄土に生まれる」ことは、いかなる体験なのか。よりはっきり言えば、「浄土に生まれる」というときに、どんな「生まれかた」をするのか、という問題なのです。

前章で述べたことですが、浄土とは私たちが依って立つ「真の国土」としてはたらく阿弥陀の本願のかたちでした。私たちが阿弥陀仏の大悲の本願に目覚め、真実の信心をいただくとき、その国土はすでに私たちを支える「真の大地」として私たちのところへ到来してくださっているのです。ですから、その浄土に往生するとは、浄土の功徳《くどく》を賜って、この世での生をせいいっぱい尽くしていく歩みの始まりであり、新しい生活の始まりと言えるものなのです。

親鸞聖人はこのことを、『仏説無量寿経《ぶっせつむりょうじゅきょう》』によって、「すなわち往生を得て、不退転に住《じゅう》す」と了解されています。往生を得るとは、もはや一歩も後戻りすることのない大道《だいどう》に立つことなのだと、きっぱり言い切っておられるのです。

自分自身の生きかたが徹底して変わる

さらに親鸞聖人は、『高僧和讃《こうそうわさん》』で「如来浄華《にょらいじょうけ》の聖衆《しょうじゅ》は／正覚《しょうがく》のはなより化生《けしょう》して」とうたっておられます。つまり、〝阿弥陀の浄土に往生した人びとは、蓮の花のような阿弥陀のさとりの智慧から化生したのです〟ということでしょう。

ここに「化生」という言葉が使われています。「化」とは変化であり、「化生」とは仏の智慧によびさまされた「生まれかわり」を表わす言葉です。実はこの「化生」という言葉は、そのもともとの言葉の成り立ちから、「往生」の本質的な意味を表わしていると言われているのです。

そこからしますと、「往生」とはまさに「生まれかわる」ことです。たんに現世から浄土へと住む場所が変わったというような平面的な場所の移動でなく、徹底して自分自身の生きかたが変わること、つまり「主体」の変革であり転換であることを告げていると言わねばならないでしょう。

『蓮如上人《れんにょしょうにん》御一代記聞書』で、上人が次のように語っておられる言葉は、そうした「往生」の内実を端的に語るものとして注目されます。

> 弥陀《みだ》をたのめば、南無阿弥陀仏《なむあみだぶつ》の主になるなり。南無阿弥陀仏の主に成るというは、信心をうることなり

この一文が表わすものは、阿弥陀仏に帰依《きえ》すれば、自我意識（自力の心）にもとづく感覚と発想に生きる私たちのうえに、南無阿弥陀仏の智慧に依る感覚と発想に生きる生活が開かれるということでありましょう。私たちは常日ごろ、いつも状況に流され、自分自身が行方不明になっているような状態で生きています。「往生」とは、そうした私たちの生活をごまかしなく照らしだす仏智《ぶっち》に帰依したとき、そのときに賜る新しい主体（信心の智慧）の誕生を意味するのです。これこそ〝往生の生活に立つ〟と言えるようなことなのですが、その点は後であらためて詳しく述べたいと思います。

「覚生」――夢から覚めて生きること

このように「往生」の内実をたずねてきますと、往生は「覚生」と言ってよいのではないでしょうか。

「覚生」とは、文字どおり「覚」（目覚める）という生まれかたです。仏教の伝統には「覚夢」という言葉が見られますが、ある先達はそのことを踏まえて「往生は夢から覚めることでないか」と教えてくださっています。

夢から覚める。そこでは〝夢の中の世界〟と〝夢から覚めた世界〟との異質さが大切になってきます。

例えば、夢の中で猛獣に追われて必死に逃げる。しかし少しも思うように走れない。もはやこれまでと倒れ込んだ瞬間、目が覚めた。するとそこには、猛獣もいなければ、悲鳴をあげた自分もいない。ただそこにあるのは、布団の中で寝ている自分だけ…。

「往生」とは、そうした夢から覚めるときのように、私たちの生活の現実相とは自我の妄念《もうねん》・妄想《もうそう》にふりまわされた「思い」でしかなかったと、よび覚まされることなのでしょう。そのことに目覚めれば、「すでに道あり」と言われるように、そこにはただ現前の厳粛な「いのちの事実」に向きあっていく道があたえられているのです。

親鸞聖人は、「無明《むみょう》の闇《あん》を破《は》するゆえ／智慧光仏《ちえこうぶつ》となづけたり」と阿弥陀仏を仰ぎ、「無量光明土」と浄土を讃《たた》えられています。つまり阿弥陀仏とは私たちにとって、どこまでも無明の闇を破る「光」として体験される仏であり、浄土もまた真の立脚地としてはたらく国土なのです。だから往生とは、「破闇満願《はあんまんがん》」の「覚夢」ではないでしょうか。

　過去をぐちる
　未来をわずらう
　いまがない　幽霊が　ここにいる

ある人が、先生にこう言いました。「死ぬのが怖い」。すると師云く「お前、生きとるのか」。深く自問するほかありません。

「往生の生活」とは
どのような歩みなのか？

「倒懸《とうけん》」の意味を逆に受け取っていないか

ここまで、「往生」が私たちにとっていかなる事実かということをたずねてきました。次に、このことをさらに具体的に、お釈迦さまのお弟子である目連《もくれん》の「救母説話」にたずねたいと思います。

目連の「救母説話」とは、よく知られているように、餓鬼道《がきどう》に沈んで苦しむ母親を、その子・目連が救うという物語です。日本の古い伝統行事である「お盆《ぼん》」の由来を語る説話として、読んだり聞いたりしたことがあるのではないでしょうか。

「お盆」とは、〝ullambana〟（ウランバナ）というサンスクリット語を音写した「盂蘭盆《うらぼん》」という漢語の略です。〝ullambana〟は「倒懸」（逆さまに懸かる）と訳されており、逆さ吊りにされた苦痛を意味すると言われています。実は、私はかなり以前から、この「倒懸」という言葉の意味を、それこそ逆さまに受け取っているのではないかと自問してきたものですから、そのことをあえてここで取りあげたいのです。

説話では、目連が「天眼」というさとりの眼で亡き母の姿を探し求めたところ、母が餓鬼道の世界で逆さ吊りになっている姿が見えたというのです。驚いた目連は、母がさぞや喉が渇いているだろうと思って、冷たい水を持ってゆくと、口元のところでたちまち炎に変わってしまって、飲んでもらえない。また、さぞや空腹だろうとご馳走を運んでゆくと、同じように口元で炎に変わって食べていただけない。

目連は万策尽きて、お釈迦さまに相談します。するとお釈迦さまは、「自恣《じし》の日」（安居《あんご》の最後の日）に三世《さんぜ》の衆僧に百味《ひゃくみ》の飲食《おんじき》を供養《くよう》しなさい、と言われ、目連がそのとおり実行したら、母を餓鬼道から救うことができた、というのが『仏説《ぶっせつ》盂蘭盆経《うらぼんきょう》』に見える説話の内容です。

いったいその話のどこを逆さまに受け取っているのか、ということですが、実は大切な点は、「自恣の日」、つまり安居の最後の日に目連がその供養を実行したということにあるのではないかと思うのです。

母ではなく自分こそ餓鬼であった

インドでは、お釈迦さまのお弟子たちは、雨期には托鉢《たくはつ》に出ず、道場に籠《こも》って日ごろの修行《しゅぎょう》を内省し、学習するのです。それを「安居」と言います。そしてその安居の最後の日は、内省し学んだことを大衆《だいしゅう》の面前で懺悔《さんげ》告白する日なのです。

　ならば、その日に懺悔告白したのは、ほかならぬ目連自身であったのでしょう。何を懺悔したのでしょうか。それは、母が「逆さま」であると見えていた自分自身が、実は逆さまであったということでないでしょうか。つまり、母を餓鬼としか見られなかった自分自身が餓鬼であったということではないでしょうか。

　私たちは、単にこの話を、母親が餓鬼道で逆さ吊りにされていたとしか受け取っていないのではないでしょうか。ですから、この説話を幾たび聞かされても、自分自身の問題として響いてこなかったのです。そのことに気づけば、「逆さま」とは目連自身の懺悔告白であったということに気づかされるのです。逆さまの説話が、逆さまに受け取られているとは、まさにこのことでした。

　では、目連は逆さ吊りの母をどうして救うことができたのでしょうか。もちろん「魔術」でもなければ、「奇蹟」でもなく、ましてや「偶然」でもなく、ただひとつ、現前の「いのちの真実」に背く罪を覚知したからではないでしょうか。その点、ここで次の一点をあらためて見すえねばならないでしょう。

それは、目連にはなぜ母が餓鬼に見えたのか、ということです。ある仏典には、母が一人の子どもを一人前に育てるには、自分を地獄に落とさねばならないと書いてあります。子を育てるために、母はどれだけ罪をつくることか。目連はそれを見てきています。だから、母はきっと地獄・餓鬼・畜生という悪道に落ちているだろうと思ったのではなかったか。母の苦労を思わず、自分だけ良い子になっている目連の傲慢《ごうまん》さ。これはまさに、現前の「いのちの事実」の私有化であり、罪なのです。

その傲慢の罪は、同時に、目連の「さとりの私有化」という罪とも切り離せません。自分のさとった仏法で母を救おうとした傲慢さは、それこそさとりの私有化であり、冷たい水もご馳走も口元で炎に変わり、飲んでも食べてもいただけなかったという事実は、そこにおいて「いのちの事実」の私有化と重なる二重の罪があぶりだされたということではないでしょうか。

自分自身の不正を問い続ける歩み

今日、世界中で宗教の信者による対立抗争が起こるたびに、「宗教は怖い」という風評を生みます。なぜ宗教を背景にした対立抗争が起きるのか。そこには自分自身の絶対化ということがありましょう。〝真宗仏教は正しい。だからそれを信奉する自分も正しい〟と思ってしまう。これこそ「悪魔化」にほかならないでしょう。そうではなくて、正しい教えを奉ずることによって、いよいよ自分自身の不正を問い続けていく歩みを賜っていく。それが「往生の生活」なのでしょう。

ですから、いま申し上げた目連の懺悔告白ということからも、懺悔することで問題が消滅したのではなく、かえっていままで思いもしなかった自我の執心に生きる罪が知見され、いよいよ本願を聞き直してゆくほかなかったことが知らされるのです。

そうした歩みとしての「往生の生活」の極まりを、親鸞聖人は、人間の業を尽くし終えたとき、すなわち「この身の終わり候わん時」（『御消息集《ごしょうそくしゅう》（善性本《ぜんしょうぼん》）・二）をもって、「まことのほとけになる」（『一念多念文意《いちねんたねんもんい》』・左訓）と言い切られています。実に、往生浄土の大道の始終（往生・成仏）として人生を見開くこと、それが真宗仏教の世界であります。

このように、目連の目覚めに学ぶとき、私はこれこそが「往生」の自覚的内実なのだと、あらためて確認させられることであります。

なお、この目連の救母説話は、亡き人への「供養」とは何か、という大切な問題に深い方向性をあたえているように思われます。もちろん、供養ということも「往生の生活」の大切な内容なのですから。

第3章　「本願」とは

真宗仏教の「救い」は「本願」にもとづく救いである。

「仏教」は何を依《よ》り処《どころ》にしているか

この世に生まれてきたかぎり
出遇わねばならない
たった一人のひとがいる
それは自分自身である

故・廣瀬杲《たかし》先生のこの言葉を、お寺の伝道掲示板でよく拝見しますが、真宗仏教の「救い」は、この一事に尽くされると言えましょう。なぜでしょうか。それは「本願」にもとづく救いだからです。

日ごろ私たちは〝阿弥陀仏によって救われる〟のだと聞くと、「阿弥陀仏」と「私」が相対《あいたい》するかたちを想い描き、それを前提として、両者がひとつに結びつくことが「救い」だと考える宗教一般の理解のしかたにはまっているのではないでしょうか。そのため、そこに容易に破れない壁ができてしまっています。その壁とは、阿弥陀仏の実在が定まらないことです。つまり、「仏」がわからないのです。

では、一方の「私」はわかっているのかと言えば、わかっているつもりだけで、何もわかってなんかいません。そんなことですから、いかほど教えを聞いても、「救い」が明らかになるはずもありません。

そこで大切なことは、真宗仏教において「仏」と「私」とが相対する形が、何にもとづいてそのようになっているのか、つまり何を根拠として、そう言えるのかであります。それが実は「本願」なのであります。本願によって「願う仏」と

「願われる私」という、相対する関係が生起しているのです。

ここで一言おさえておきたいことは、「絶対」観の問題です。例えば、「科学」は何を絶対的なものと考え、何を依り処として立っているのでしょうか。言うまでもなくそれは人間の「理性」でしょう。理性的合理主義を至上の依り処としているのが科学です。

ならば、「宗教」はどうでしょうか。宗教一般ということで言えば、それは「他者」でしょう。例えば「神」といったように、人間が人間以外の「他なるもの」を立て、それを依り処としていくありかたです。

それに対して、「仏教」は何を依り処にしているのでしょうか。端的に言えばそれは「本来」でしょう。人間存在の本来性です。このことは仏教が「本来の回復」に極まる教えだと言われる理由です。さらに真宗仏教は、それをもっとも具体的に「如来の本願」として説き明かしているのではありませんか。

「本願」が本来の領域からの願いであることにおいて、「よびかける仏」と、「よびかけられる私」とが成り立っているのです。本願によってのみ、「仏」と「私」との相対するありかたが始発しているからです。

思いに死んで、事実に生きる

では、「本来」とは、私たちにとって何を意味しているのでしょうか。これは仏教用語で言えば、「一如《いちにょ》」や「真如《しんにょ》」と説かれる「如」の領域と言えるでしょう。「如」とは何かと解釈すれば、逆に「如」から遠ざかることになってしまいますが、強いて言えば文字どおり「ごとく」でないでしょうか。

りんごはりんごのごとくある。みかんはみかんのごとくある。AさんはAさんのごとくある。BさんはBさんのごとくある。「如」とは、都合が悪いからといって得手勝手に変更したり、除去したりすることのゆるされない事実であり、その意味では絶対現実とも言えるでしょう。

私たちの存在は、すでに絶対現実を生きています。ですが、自我に生きる今日の私は、きちんと現実を生きたことがない。ただ自我意識（思い・考え）に生きるばかり。ものごとが思いのままになるとかならぬとか、そんなことばかり考えて明け暮れているありさまです。

その「自力の心」をひるがえして、本願をたのみ（依り処として）、わが国（浄土）に生まれよと、よびかけてくださっている。それが、如来（「如」が「来」たる）の本願です。ある先達は、この本願のよびかけに目覚め、あらたな生きかたが開けることを、「思いに死んで、事実に生きる」という言葉で教えてくださっています。

分別以後でしか生きていない私たち

〝われわれは「1」を知らずして、「2」からあとで生きるばかりだ〟。日本の数学界の大御所と言われた故・岡潔《おかきよし》博士が、こんな言葉をのこされています。

おそらく「1」とは分別以前の世界であり、「2」からあととは分別以後の世界を意味すると言えないでしょうか。科学者の深い言葉だけに、大きな説得力を感じると共に、博士が敬虔《けいけん》な仏教徒でもあられたことが偲《しの》ばれます。

「事実」は「思い」を超えていることにおいて分別以前ですが、今日の自分は分別に始発した生きかた、まったく分別以後でしか生きていないではないか。「分別」こそ苦しみ悩みの因であると、仏法によって言いあてられていたのに、その仏法ですら分別でしか聞いていなかった！　この目覚めこそ、生きかたの大転換を開くのです。それは「思い」に先だつ現前の「事実」と向きあっていく確かな生きかたの始まりです。
ある人が「阿弥陀さんは、前方から来てくださるかと思っていたら、後方からポンと肩をたたいてくださった」ともらされたが、言い得て妙です。目覚めは、まさに意外性の一念というほかはないのです。

禅宗の雲水が、ご師匠さんから「クジラの肉で精進料理を作れ」という公案を受けたそうな。雲水どもは、びっくりして目の玉むいた。一日坐って考えたが、とうとうサジなげた。そしたらご師匠さんカラカラ笑って、いともあっさり「クジラの肉を売って、代りに豆腐買うて来るこっちゃ」と言うたげな。うら(私)と、いっしょや、クジラの肉を離さんで難しいわ。

(前川五郎松著『一息が仏力さま』)

自分のことでありながら、自分でわからない。はてさて？

いちばん欲しいものは何ですか？

ある日自分へ

おまえさんな
いま一体何が
一番欲しい
あれもこれもじゃ
だめだよ

いのちがけで
ほしいものを
ただ一ツに的を
しぼって
言ってみな

（『雨の日には…』文化出版局）

これは、作者である相田みつをさんが、〝自分が欲しいものは何か〟と自問なさった詩ですが、ここに書かれてあることは、そのまま私たちの問題として響いてきます。

「お前は何が一番欲しいのか？」私たちはそう訊かれると、すぐ返事ができそうに思うのですが、実はそれができないのですね。それもそのはず。すぐに言える返事は、やれ「家が欲しい」だの、「車が欲しい」だの…。これでは「あれもこれも」のレベルですし、それはもう「だめだよ」と釘《くぎ》をさされていますから。

さらにそこへ「いのちがけでほしいもの」と言われたら、もうお手あげです。自分のことでありながら、自分でわからない。ならば、もうわかるすべはないのでしょうか。否、ただひとつ、仏さまが私に先だってすでに〝これでないか〟と言いあてて、願ってくださっていることがあります。それは、如来の本願を聞くことでした。そのことは現に、「南無阿弥陀仏」という真実の言葉となって、私たちによびかけられているではありませんか。

このことこそ、「本願」が人間存在の根底にはたらく願いでありつつ、自我に汚染された私たちの願いでなく、仏の「清浄《しょうじょう》意欲」（純粋意欲）と説かれるゆえんでありましょう。

肥大化した欲望に流される現代の生活においては、すべてをお金ではかり、お金で処理をする経済至上の感覚が、私たちの身のすみずみにまで染み込んでいます。十年ほど前に、ある若い企業経営者が「お金で買えないものなどない」と言い放って物議をかもしたことがありましたが、これは要するに「お金で買えないもの」が見えなくなってしまっただけの話ですね。このことは、今日の経済繁栄が、自然破壊や環境破壊はおろか、人間破壊までもたらしてしまうことの象徴と言えるでしょう。

現在の私たちが関心をもつのは、会社にいても家庭にいても、「給料がいくら上がった」とか「役職につけるか」「子どもがいい学校に入れるか」とか、ただただ世俗的、世間的な事柄ばかり。「どのように生きることが人間としての真実なのか」「本当に地に足がついた生きかたとはどういうものか」、そうした問題を誠実に問うことが忘れ去られ、生活の表面から抜けおちてしまったかのようなありさまでないでしょうか。

そうした人知のつくりだした世俗的な関心事にのみ生きること。それこそが非宗教化した社会における〝現代の闇〟と指摘されるものでありましょう。

しかし、単に世俗的な豊かさのみで、このいのちが生き生きとすることなどありえないと、人に指摘されるまでもなく、誰よりも自分自身が生活の中で切実に感じているはずです。実はその心こそ、「いのちがけでほしいもの」を求めている心であり、有限相対な自我に生きる私を超えて貫く「いのちの真実」、如来の本願の促しにほかならないのです。

いのちの深みから発する真実の叫び

ここで金子大榮《かねこだいえい》[*1]先生（一八八一〜一九七六）の「本願は本音である」との言葉が、あらためて注目されます。「本音」と言えば、私たちは生活の中で、〝建前《たてまえ》と本音〟というかたちでよく口にします。しかしそれは、どんな意味で言っているのでしょうか。

ふつう、建前と言えば理性のレベルであり、本音と言えば感情のレベルでしょう。さらに、よりはっきり言うなら、本音というのは自我の欲望であり、ドロドロした煩悩の固まりとも言えるでしょう。ですが、金子先生の言葉で「本音」と教えられる意味は、自我の私心を超えて、より深いいのちの「真実のいのり」とも言えるような叫びであり、声でありましょう。

この事実は、私たちの生とは単に生きているのではなく、生きる意味を求めていることであり、むしろ日常の場で言っている本音とは、つねに状況によって移り変わる気分にすぎないことを告げています。

このような「いのちの真実」が、『仏説無量寿経《むりょうじゅきょう》』では、法蔵菩薩《ほうぞうぼさつ》の発願《ほつがん》というかたちで説かれているのでした。法蔵菩薩は、如来の本願が具体的に私たちによびかけるすがたであり、同時にそれは私たちの聞法《もんぼう》心にまでなって歩まれるすがたなのです。そのことこそ、法蔵菩薩が〝原始の聞法者〟とも言われるゆえんでありましょう。法蔵菩薩のそのすがたが、徹底して私たちに寄り添い、目覚ませてくださる如来の大悲願心を表しているからです。

仏法が「わからん」のは何がわからんのか

「真宗仏法はむつかしいですね、わからんです」という声を、日ごろからよく耳にします。もちろん、本気になって仏法を聞くかぎり、「わからん」というのは誰しも避けられない道ゆきですし、これは聞き流せない重い問いです。それで「どこがわからんのですか」と問い返すと、「わからんところが、わからんのですわ」と言われます。「わからんところが、わからん」。これもまさに大切な問いですね。

親鸞聖人は「正信偈《しょうしんげ》」で、「法蔵菩薩の因位《いんに》の時、世自在王仏《せじざいおうぶつ》の所《みもと》にましまして、(中略)希有《けう》の大弘誓《だいぐぜい》を超発《ちょうほつ》せり」とうたわれていますが、これは実にいまの問いを射抜く言葉と言えるでしょう。

ここで大切なのは、法蔵菩薩の本願が、師・世自在王仏の教えの下で建てられたということです。つまり、本願がよびかけている機（人）は自我に生きる私であっても、その私を救う発願の相談相手は私ではなく、どこまでも「仏」（世自在王仏）だということです。このことは何を意味しているでしょうか。

如来の本願は徹底して、仏自身の願いのごとくに私を育てあげようという願心です。だから私たちには相談はないのです。私たちは自分の思いどおりになって救われたいのですが、そうではなく、思いが破られて救われる。ここに「自我欲」と「仏願」という異質なもののすれちがいがあるのです。そして、このことこそ、皆さんが「わからん」と言われることの内実ではないでしょうか。

ならば、本願の救いがわかるとは、「わからんわけがわかる」ことだったのです。それは私心の満足でなく、仏願の満足、本願成就の世界であります。

＊1　金子大榮…明治〜昭和中期に活躍した真宗大谷派の学僧。

第4章　「他力」とは

「他力《たりき》がわからん」とは、自力《じりき》がわからんということです。

「自力」という力はもともとないもの

「自力はわかりますが、他力がわからんですね」。そんな発言をよく聞くのですが、実は逆ですね。自力がわからんのです。「他力がわからん」とは、自力がわからんということなのです。もともと、自力がわかることと、他力がわかることとは同時なのですから。

そもそも、私たちが「自分」と言うとき、何を指して言っているのでしょう。自分とは、いまここに「身体」をもち、同時に「意識」の作用をもっている、この「存在」を指します。その意味で、「身体」は自分の「存在」の面を表し、「意識」は自分の「認識」の面を表します。

「意識」はもともと「存在」について認識することが、その本分です。でも、実際のところ、意識は存在を支配しようとする欲心としてはたらいています。ですから仏教では、「意識」が苦の「因《いん》」であると指摘されているのです。

そこで、自力・他力の問題ですが、「存在」の面からの自力・他力は二つの力ではなく、ひとつなのです。つまり、〝自力即ち他力〟、〝他力即ち自力〟です。なぜなら、私たちが「自力」と呼んでいる力は、すべて因縁《いんねん》による力であり、あらゆる関係の総合体としてはたらく力だからです。

そして、この因縁力を、一方では「他力」と言うのです。私はこれを「因縁他力」と呼んでいます。この因縁他力の相《すがた》こそ、この存在の自力の相にちがいありませんから。

例えば、よく勉強ができて、いい学校に合格したら、「これは自分の力だ。自分が一生懸命頑張ったからだ」と思いますね。しかし、勉強ができるのは、親が勉強部屋をつくってくれて、塾にも行かせてくれたり、いい先生に恵まれたりと、あらゆる関係が総合的にはたらいた結果としてもたらされた能力です。ですから、私たちが「自力」と呼んでいるのは、実は「因縁他力」の相だったのです。

この厳粛《げんしゅく》な事実に闇《くら》い「意識としての私」は、それを自分の力と錯覚して、否《いな》、奪い取るように私物化して、〝おれが〟〝わたしが〟という我《が》意識で明け暮れています。親鸞聖人は、この自我意識の分別《はからい》をこそ、「自力」と説かれるのです。聖人がつねに「自力のこころ」と言われる理由は、これです。自力という力があるのではなく（そんな力はもともとなく）、自力だと思う心があるだけです。

他力とは如来の本願力《ほんがんりき》である

そういう「自力のこころ」に対して、親鸞聖人は『教行信証《きょうぎょうしんしょう》』行巻《ぎょうのまき》で、「他力と言うは、如来《にょらい》の本願力なり」と明言されています。つまり「自力のこころ」をひるがえさせ、「存在」の事実に向きあわせる阿弥陀仏《あみだぶつ》の本願の力をこそ、「他力」と仰がれたのであります。「因縁他力」に離れないこの力を「仏力他力」と呼ばせていただきます。

そうすると「他力」とは、私することのゆるされない「存在」の公性《おおやけ》と、その透明さを表す因縁他力(如)でありつつ、同時にそれに対する背信《はいしん》の闇を破る「光明《こうみょう》」としてはたらく仏力他力(来)であるということがわかってきます。私を成り立たせている力と、それを報《しら》せる力との一如性《いちにょ》と言えましょう。

断念から挑戦へ生きかたが転換する

では、その「如来の本願力」により覚まされた人には、実際にどんな生きかたが開かれるのでしょうか。

「聞法《もんぽう》が生きる力」と言われるKさん（七十歳代）は、自らの「現前の境遇《きょうぐう》」を「おあたえさま」と言い、懸命に向きあい意欲的に生きておられるのが、とても印象的です。さらに、私がこのKさんに心うたれるのは、それを息子さん（四十歳代）と暮らしの中で話しあっておられることです。実は私も、時々その息子さんと語りあうことがあるのですが、その一コマを以下に再現してみましょう。

息子さん　おやじが、いつも「おあたえさま」と言うのですが、そんな受け身の消極的なことでは、人生は何も開けてこないんじゃないかと思うんです。

池田　なるほど。でも、お父さんが「おあたえさま」と言われるのは、自分が出会う生活の事実、諸問題の「解釈語」ではなく、「自覚語」なんですね。

息子さん　どういう意味ですか。

池田　解釈語であれば、現実を頭で「おあたえさま」と解釈することですから、それはアキラメということにもなるでしょう。それが証拠に、その場合はいつも「仕方がない」のおまけつきでしょうから、それほど暗い話はありません。自覚語というのは、自分に目覚めた感動の言葉ですから、生きかたの転換が起こるんですよ。

息子さん　自分に目覚めるとは、どういうことなんですか。

池田　それは、「自力無効」の事実に気づかされることですね。

息子さん　いつぞや「自力」とは「自力のこころ」だと聞かせてもらったのですが、それなら「自力無効」に気づくとは、挫折《ざせつ》感か絶望感のことですか。

池田　そうじゃありません。私たちの頭で考えている「自力」というものが、まったく幻影《げんえい》だと知らされ、すべてものは、そのもののまま法則に運ばれ落在《らくざい》しているという事実に目覚めることでしょう。

この語らいからも、あらためてKさんの「おあたえさま」という言葉のきびしさ、重さがわかるのではないでしょうか。「おあたえさま」だから、優越感に立つことも、劣等感に沈むこともゆるされない。にもかかわらず、威張《いば》ってみたり、ふてくされてみたりでしか生きられない自分の足元が炙《あぶ》りだされます。だからこそ、〝仕方がない〟という断念の生きかたから、〝あたえられたいのちを尽くしていこう〟という挑戦の生きかたに、転換させられるのであります。

親鸞聖人はこの〝あたえられたいのちを尽くしていく〟という挙足《こそく》一歩の内実を、『正像末和讃《しょうぞうまつわさん》』で

蛇蝎奸詐《じゃかつかんさ》のこころにて
自力修善《しゅぜん》はかなうまじ
如来の回向《えこう》をたのまでは
無慚無愧《むざんむき》にてはてぞせん

とうたわれています（傍点筆者）。こんな私ゆえ、「如来の回向」に浴しなければ、ただ〝お恥ずかしい〟の闇に沈むほかはないのでありましょう。

「他力」の「他」とは、「自力の心」の他なのです。

「しぜん」と「じねん」はどう違うのか

「他力」のことをお話しするとき、石川県出身の真宗大谷派僧侶、故・藤原鉄乗《てつじょう》師の次の言葉が想い起こされます。それは、『歎異抄』第一条にある「弥陀《みだ》の誓願《せいがん》不思議にたすけられまいらせて」という一節について、ある人が「〝弥陀の本願に救われていく〟ということが、自分にとってどういうことなのか、どうしてもわかりません」と問うたのに対し、藤原氏がただ一言、「そりゃ、自然《じねん》に帰ることや」と応《こた》えられた言葉です。

親鸞聖人の晩年のご法語として注目される「自然法爾《じねんほうに》」の一文には、

自然《じねん》というは、自《じ》はおのずからという。行者《ぎょうじゃ》のはからいにあらず、しからしむということばなり。然《ねん》というはしからしむということば、行者のはからいにあらず、如来《にょらい》のちかいにてあるがゆえに。法爾というは、この如来のおんちかいなるがゆえに、しからしむるを法爾という。

（『末燈鈔《まっとうしょう》』）

と述べられています。ここには「自然《じねん》」が弥陀の本願力のはたらきだと示されています。

「自然」は「しぜん」（漢音＝標準音）と「じねん」（呉音＝主に仏典音）の二様に発音できますが、単に文字の読みかたということではなくて、そこに大切なことを聞き取りたいと思うのです。

「しぜん」と言えば、おのずからしかるということであって、ものごとの「しぜん」なさまをあらわしているだけです。つまりそこでは、何かがそうさせているという意志のはたらきをみません。「水は低きに流れ、煙は高きにのぼる」という、ものそのものの自転のさま、必然の有様《ありさま》が「しぜん」です。

ですが私たちはその「しぜん」の法則に闇《くら》く、つねに自我欲の追求に終始する生きかたしかできません。功利心があるぶん、生活に恐れや不安がつきまとう理由でありましょう。

ここに私たちは、おのずからしかるこの「存在」の事実に、おのずからしからしむ如来の意志、「本願」のよびかけを聞くのです。それが称名念仏《しょうみょうねんぶつ》の事実がもつ意味でありましょう。すでに「本願」は如来の意志であり、私たちの問題が何であるかを見極めた如来の問題意識です。私たちはその如来の問題意識のはたらきを受けて、「法」において在る自己、「自力のこころ」を超えて運ばれている自己に出遇うのであります。

本願のよび声が開く広大な宇宙観

このように「しぜん」を報《しら》せる「じねん」という阿弥陀仏の意志・意欲を、「しぜん」の事実において感得するとき、「しぜん」と「じねん」はもともと不離一体の関係にあったことが浮かびあがります。

そこで、藤原鉄乗師の朗詠《ろうえい》、『念仏十唱』（真宗大谷派金沢教区浄秀寺『信光』所収）が新鮮に響いてきます。

春なれや宇宙万有ことごとく
よみがえるなり南無阿弥陀仏
み仏の誓いなりせば草も木も
芽ぶき立ちつつ南無阿弥陀仏
み仏の誓いなりせば咲く花も

小鳥の声も南無阿弥陀仏
み仏の誓いなりせば生も死も
三世十方南無阿弥陀仏
み仏の誓いなりせば大空に
かがやく星も南無阿弥陀仏
み仏の誓いなりせば天も地も
流るる川も南無阿弥陀仏
み仏の誓いなりせば悪逆の
提婆《だいば》・阿闍世《あじゃせ》も南無阿弥陀仏
み仏の誓いなりせば世々生々《せせしょうじょう》の
四海同朋《しかいどうぼう》南無阿弥陀仏
み仏の誓いなりせばわれも人も

六趣《ろくしゅ》・四生《ししょう》南無阿弥陀仏
み仏の誓いなりせば日々《にちにち》の
稼業《かぎょう》そのまま南無阿弥陀仏

本願のよび声（称名念仏）に耳を澄ますとき、何と広大な宇宙観・世界観が感ぜられることでしょうか。念仏は「無限他力の表顕なり」と言われる道理《どうり》でありましょう。

ここからすれば、仏典に「三千大千世界」とか、「尽十方《じんじっぽう》世界」とか説かれているのも、単に自分の「存在」の外に想い描いた世界ではなく、どこまでもこの自分という「存在」のうえに見いだされた世界でしょう。言いかえれば、自分の「存在」の立ち位置が、世界の中心であったことに目覚めた宇宙観・世界観でありましょう。

それが証拠にこの自分の立つ処には、つねに東・西・南・北・北東・北西・南

東・南西・上・下の十方、つまり全方位とすべての場処が具《そな》わっていたのでした。親鸞聖人は、『尊号真像銘文《そんごうしんぞうめいもん》』で、

尽十方無《む》碍《げ》光如来《こうにょらい》ともうすは、（中略）この如来は光明なり。尽十方というは、尽はつくすという、ことごとくという。十方世界をつくして、ことごとくみちたまえるなり。

と言われています。つまり、いま私たちは、「法」において在る「この身」を報せ続けてくださっている仏力他力のど真ん中にいることを告げられているのです。

「この身」の事実こそ本願他力の最先端

ここで私には亡母の述懐が思い出されてなりません。私事で恐縮ですが、二十余年前に九十三歳で亡くなった母が晩年にもらした一言が、私に染みついています。母と一緒に食事をしているときでした。私の顔を見つめながら、「ここがお寺

になったで、お世話になると思っとった長男《あに》は他家《よそ》さまを継ぎ、八番目に出てきた要《い》らん子のあんたに、こんなにお世話になるなんぞ、これこそ思いが間にあわん他力やったわ。ありがと、なんまんだぶつ……」。私は「他力」について書かれたどんな文章よりも、現前の生活で感得した母の告白に、「他力」のこころが尽くされるのを覚えます。

たしかに「他力」は文字どおり〝他《ほか》の力〟です。何の他かと言えば、自力の心（自我の思い）の他なのです。自力の心が描く夢や計算を超えて厳粛《げんしゅく》に運ばれている「この身」の事実こそ、私の目覚めを願い続ける本願他力の最先端にほかならなかったのです。

〝義《ぎ》（自力の心）無きを義（他力の本義）とす〟る念仏は、法然上人から聞きとられた親鸞聖人の「つねのおおせ」と言ってよいこの一言を、聞き続けていく道と言えましょう。

第5章　「念仏」とは

「南無阿弥陀仏」は言葉となった仏です。

なんまんだぶってどういうこと？

念仏とは、「阿弥陀仏」の御名《みな》を称えることです。

「南無阿弥陀仏」は、阿弥陀仏の名であると同時に、仏それ自体を表しています。と言うのも、南無阿弥陀仏は言葉の仏であり、言葉以上のはたらき（本願）が言葉となった仏だからです。その点が、「南無阿弥陀仏」は真の信仰や愛を成り立たせる「根元語」だと言われるゆえんでありましょう。

もうずいぶん前になりますが、あるお宅を弔問《ちょうもん》したときのことです。家族のみなさんと一緒にお勤めを終えましたら、途端に「なんまんだぶってどういうこと?」と大きな声で言ったのは、その家のお孫さんでした。思わず、「何という名前?」とたずねましたら、「たけし」とのことです。

「たけし君か、いい名前やね。それはお父さんとお母さんがつけてくださった名前やろ。そのたけし君には、もう一つの名前があるのや。それを〝なんまんだぶつ〟と言うのや。よく憶えておいてね。おおきくなると、きっとわかるから」。そんな対話が弾んだのです。

ふり返ってみますと、私たちは親からずいぶん立派な名前をもらっています。たいがい「名前負けしていますね」と笑い話になるぐらい立派な名前なのは、そこに親の願いが込められているからでしょう。でもそうした名前も、もともとは他と区別して自分を表す符丁《ふちょう》ですから、「名は体を表す」というわけにはまいりません。その意味では仮名です。だから、改名もできるわけです。

しかし、南無阿弥陀仏は「名は体を表す」実名です。なぜなら、私という現前のこの存在の事実がもついわれいを表す名前だからです。それは決して自我意識に生きる私の名前ではありません。「身」としての存在の実名です。それは徹底して自然の法則どおり運ばれている存在なのです。かの清沢満之師はこれを、

自己とは他なし、絶対無限の妙用《みょうゆう》に乗託《じょうたく》して任運《にんうん》に法爾《ほうに》に、此《こ》の現前の境遇《きょうぐう》に落在《らくざい》せるもの、即ち是なり。

（筆者訳…自己とは他でもない、人間の考えや言葉を超えた阿弥陀のはたらきに運ばれ、自然のままに道理に随って在る現前の事実こそ、真の自己である。）

と告白されています。

蓮如上人がつねに、

この南無阿弥陀仏の六《む》つの字のこころをくわしくしりたるが、すなわち他力信心のすがたなり。

（『御文《おふみ》』三帖第二通）

と言われていることも、ただ南無阿弥陀仏という六文字の説明を聞けということではないでしょう。それは、〝自然の道理にはからわれて、いまここに在るこの身、この存在に、われならざる大いなる法則力・本願力の活動を信知《しんち》せよ〟という教えにちがいありません。

「信知」とはどういう体験か

いま「信知」と申しましたが、そこには〝信知する者〟と〝信知される「法（真理）」〟という二つの契機があります。この二つを別のように考えるのが、自我意識の私です。「法」と自分は別だと考えてしまうと、自分がいつも法を追いかけているという関係になってしまって、つねに法に手が届かないことを歎《なげ》くほかありません。

その関係が一転して、逆に自分が「法」の活動表現の尖端《せんたん》になること、それが

「信知」なのです。ということは、法を信知するといっても、法と信知する者とは別でなく、一つだということです。ということは、「法」とは固定化したものでなく、どこまでも現実にはたらく作用だということでしょう。ですから、法を信知するとは、法のはたらきのほかに、法を信知する者はなかったことを自覚することだと言えるのです。

「信知」とはどんな出来ごととして体験されるか。これは、南無阿弥陀仏がつねに「光明《こうみょう》」として説かれることから明らかでしょう。「光明」は文字どおり「光」であり、南無阿弥陀仏のはたらきを象徴しています。つまり、光が射せば闇は破れて明るくなる。そこでは、いままで見えなかったものが見えてくるばかりです。そこでは、「法」に闇《くら》き自我意識の妄想《もうそう》に生きる自分の実態がはっきりと感見され、法に背いて生きているという背信《はいしん》の罪への懺悔《さんげ》がおこります。そして、それゆえにこそ、いよいよ「弥陀の本願信ずべし」と立ちあがる。「信知」

とはそうした出来ごとにほかならないのです。

「南無阿弥陀仏」の三つの読み方

「南無阿弥陀仏」には三つの読み方があります。

まず、蓮如上人の『正信偈大意《しょうしんげたいい》』にありますように、「阿弥陀仏に南無したてまつれ」と読めば、それはお釈迦さまが私に教え勧めてくださっている言葉です。「すでにこの道あり。必ず度すべし」と、つねに背を押してくださる励ましの言葉です。

そして、南無阿弥陀仏を「阿弥陀仏に南無せよ」と読めば、そこに阿弥陀の「本願招喚《しょうかん》の勅命《ちょくめい》」（『教行信証』行巻）が聞こえてきます。「勅命」とはこの場合、信知の自覚内容としての至上命令でしょう。

そしてさらに、「正信偈」にあるように「阿弥陀仏に南無したてまつる」と読めば、〝私は阿弥陀仏に南無する者として生きていきます〟という決断、告白を表す言葉となります。

一つの南無阿弥陀仏が、釈迦・弥陀・私の三者の言葉なのです。そしてそれは決してバラバラの三つではなく、私たちの信知の一念と同時に成り立つ三者の言葉と言うほかないでしょう。

私は日ごろ、「三つの名前を共有していこうではありませんか」と提言しています。一つは親からもらった戸籍の名前、いわゆる俗名《ぞくみょう》です。それに対し二つめは、この存在の実名である「南無阿弥陀仏」です。そしていま一つは、その実名に目覚めて生きる者となる名告《なの》りの「法名《ほうみょう》」です。それはまさしく仏弟子としての名前ですから、お釈迦さまの「釈」という一字がつきます。

皆さんはどんな法名をお受けですか。法名は、多くの場合経典《きょうてん》や祖師たちのお聖教《しょうぎょう》からの言葉が用いられますが、こんな場合もあります。

暁烏敏《あけがらすはや》師*1（一八七七〜一九五四）に出遇って、多くの経典解説や詩を書かれた毎《まい》田周一《だしゅういち》氏（一九〇六〜一九六七）が、師からもらった法名は「釈一周」でした。そのこころは、それまでの「周一」がひっくり返ったからだと。

*1　暁烏敏…清沢満之に師事し、明治から昭和にかけて活躍した真宗大谷派僧侶。

「念仏は、声に出さなきゃならんものなんですか？」

南無阿弥陀仏は「音声《おんじょう》の仏」である

「南無阿弥陀仏は／わたしを／生み／育て／人と成す／久遠《くおん》の母性」。日ごろ私は、このように申してもいます。お念仏、南無阿弥陀仏は、私を生み、育て、人と成らしめる母性である。つまり「親」であると。なぜでしょうか。

先に、南無阿弥陀仏とは「私という現前のこの存在の事実がもついわれを表す名前」であり、「身としての存在の実名」であると申しました。そのことから言えば、南無阿弥陀仏は、身としての存在の私を成り立たせている真実の法（則）＝「生み」の親の名であり、それゆえ同時に、子としての「存在」の本当の名でもあると言えるのです。

しかし、そのことを証明するには、私を育て、「人と成す」親の教化に遇うほかにはありません。それはただ一つ、南無阿弥陀仏の道理《どうり》に目覚め、それを自己として生きるものとなることです。いまその一点を、あらためて「念仏もうす」という事実において確かめたいと思います。


近年はよく「お念仏の声が聞かれなくなった」という声を耳にします。この前もある聞法《もんぼう》会で質疑のとき、高齢の男性が同じことを発言されると、中年の男性が「念仏は、声に出さなきゃならんものなんですか?」と、ボソっともらされました。皆さまはどうお考えでしょうか。

こうした場合、とかく私たちは、「声に出さなきゃならん」とか、「出さなくてもよいのでは」とか、善悪の分別《ふんべつ》に走りがちですが、実はもっと本質的な見極めが要請されているのではないでしょうか。それは、南無阿弥陀仏は「音声《おんじょう》の仏」だということです。

称名念仏は「聞く」ことに極まる

念仏とは、阿弥陀仏の御名《みな》を称《とな》えることだと前に申し上げました。そして、「名」が名告《なの》ることにおいて成就するということは、名が「声」を具体とすること、つまり「声」において名が体を具《そな》えるということを意味しています。

すでに阿弥陀仏は、『仏説無量寿経』において、

名声十方《みょうしょうじっぽう》に超《こ》えん。究竟《くきょう》して聞《きこ》ゆるところなくは、誓う、正覚《しょうがく》を成らじ。

（『三誓偈《さんせいげ》』）

と誓われています。そして、これを伝承して、天親菩薩《てんじんぼさつ》*1（四〇〇～四八〇頃）は『願生偈《がんしょうげ》（浄土論）』において、「如来の微妙《みみょう》の声《こえ》、梵《ぼん》（清らかな音）の響《ひびき》十方に

聞こゆ」と讃《たた》えておられますし、親鸞聖人は「正信偈」で「重ねて誓うらくは、名声十方に聞こえんと」とうたわれています。これらは明らかに、南無阿弥陀仏が名声仏であり、音声仏であることを説き示しています。

また、このことは必然的に、曇鸞大師《どんらんだいし》[*2]（四七六〜五四二）が『浄土論註』で、

> 云何《いかん》が讃嘆する、口業《くごう》をもって讃嘆したてまつる。（中略）讃嘆は口に非ざれば宣《の》べず、ゆえに口業と曰《い》うなり。

と、「口業」という言葉を書かれていることにつながってきます。さらに昔の人が「口に出入りの南無阿弥陀仏、正真正銘の生き如来なり」と仰がれたことも、ここに響いてきます。

すでに釈尊は、私たちに、「その名号を聞きて、信心歓喜せんこと、乃至一念せん」と言い、念仏は「聞く」ことに極まることを告げられているのでした。さらに親鸞聖人が『一念多念文意《いちねんたねんもんい》』で、「名号《みょうごう》を称《しょう》すること、とこえ、ひとこえ、

きくひと」と言われていることも、称名念仏が私たちにとって、実に「聞く」という出来ごとであることを表すものと言えましょう。このことは、よりつきつめて言えば〝私の口から念仏が出てくださった〟ことの驚きです。これこそ、あらゆる複雑さをくぐった単純の極まり、浄土真宗そのものでないでしょうか。

誰の念仏も同じだとなぜ言えるのか

ここで、いま一つ確認の意味で自問したいのです。それはズバリ言って、〝親鸞聖人の申された念仏と、自分が申す念仏と同じと言えるのか？〟ということです。違うと言うなら、なぜ違うのか。同じと言うなら、なぜ同じなのか。分別に生きている私どもからは、違うとしか言えません。信心が明瞭な人の念仏と、そうでない者の念仏とが、どうして同じと言えるのか、違っていて当たり前ではないか、と思うからです。

ならば、ここで重ねて自問してみましょう。もしそうであるなら、念仏は申す人、申す心によってほんものになったり、にせものになったりするのでしょうか。そうつぶやく一方で、念仏は誰が、どんな心で申そうとも同じではないか、という問いかけも突きあげてきます。

それもそのはず、念仏は名声仏として、如来そのものの発現だったからです。そこではもはや、信心の有無（称《とな》え心《ごころ》の優劣）は関係ないのです。ここにこそ「誰の念仏も、どんな心で申す念仏も同じ」ということの本質的理由があったのです。

このことを思うと、親鸞聖人が「十声・一声聞く」と言われたのは、実は称えい心の問題から解放されたことに他ならなかったことがわかってきます。さらに思えば、師・法然上人の専修《せんじゅ》念仏の教えのもとで深く聞思された親鸞聖人は、念仏が徹底して仏のよびかけであったことの感動を「親鸞におきては、ただ念仏して、弥陀にたすけられまいらすべしと、よきひとのおおせをかぶりて、信ずるほかに別の子細《しさい》なきなり」（『歎異抄』・傍点筆者）と告白されたのではないでしょうか。その感動は同時に、念仏を私有化し、私が主語となった念仏にしてしまっていた罪への懺悔にほかならなかったのでしょう。

私が憶念《おくねん》している至言が、いまも想起されます。それは、ある人が暁烏敏師に「念仏はどんな心で申したらよろしいか」と質問したときのこと。師の答えは「お念仏は、おならする要領や」、この一言だったのです。何とユーモラスな表現でしょうか。この一語にすべて尽くされるように思います。

念仏は、出るのがほんもの、出すのははからい。そう思えば、「念仏の声は大きいほうがいいか、小さいほうがいいか」なんて、そんなことはすべて論ずる必要がありませんね。出るまま、出すまま、そのままです。

私がかつて直接お聞きした言葉では、愛知県常滑市出身の真宗大谷派門徒、故・山下成一翁が、「身体が念仏しとる」と喝破《かっぱ》されたことが忘れられません。身体が念仏しとる。だからこそ、口にも意にも表れていてくださいます。しかし、これを言うことさえ、すでにはからいなのかもしれません。

＊1　天親…北インド・ガンダーラ地方出身で、世親《せしん》菩薩とも呼ばれている。親鸞聖人が七高僧の一人と讃えられた。

＊2　曇鸞…中国・北魏時代に活躍した浄土教の祖師。親鸞聖人が七高僧の一人と讃えられた。親鸞の「親」は天親菩薩から、「鸞」は曇鸞大師からいただいたものだと言われている。

第6章　「信心」とは

「信じる」とはどんな出来ごとだろうか?

「信」こそは人間生活の根本問題

もう半世紀も前になりましたが、それまでの閉鎖的な大学のありかたに対する改革を訴える学生運動のうねりが全国的に波及し、多くの大学で学生と教職員の緊張関係が続いたことでありました。そのときのことです。私のつとめていた大学で、ある長老の教授が、「大学の権威は失墜してもかまわないが、信用がなくなったらおしまいだからな」ともらされたことを、いまも私は忘れることができません。

人間が関係を生きる存在であるかぎり、その関係がいかに豊かに保たれ、いかに円滑に意思の疎通がはかられていくかは、実に根本問題と言わねばなりません。その基盤となるのが、「信頼」とか「信用」というときの「信」でありましょう。「信」こそは、人間生活の根底に、つねに問われ続けている根本問題にちがいありません。

親鸞聖人が明らかにされた「真実信心」の問題も、そうした人生の根本問題と決してかけ離れたことではありません。それどころか、真実信心とは、真にその課題に応答する意味をもつことと言わねばならないでしょう。

「信」も「不信」も「疑い」である

「あなたは、○○を信じておられますか?」。日ごろ私は、お寺での座談のおりなど、そんなことを率直におたずねすることがあるのです。

いつぞやも、Aさんという中年の女性に、「あなたは、お連れあいを信じておられますか」と申したら、当惑顔をされましたが、しばらくして「信じています」と答えられました。すると並んで坐っておられた女性（Bさん）が、「そりゃあ、信じていなかったら一緒に暮らせるものですか」と、助け舟を出されました。ほんとにそうですね。

すると今度は、壮年の男性（Cさん）が、「そんなことを言うあなたはどうなんですか」と、私に矛先《ほこさき》を向けられるのです。そこで、「言うまでもなく信じていますよ」とお答えしましたら、「それなら同じじゃ」と言って、話題を変えようとされました。そこで私は、「ここからが問題なんですよ」と、次のような語らいをしたのでした。

池田　みなさんは、いま「信じています」と言われましたが、それを教えにおたずねすると、「あなたは疑っていますね」と言われるのですよ。

Aさん　そんなこと…。

Bさん　そう言われても、私は心の底から信じていますね。
池田　教えは、それでも「疑」だと説かれるのです。
Aさん　わかりません…。
池田　じゃあここで立ち止まって、教えに照らして吟味しようじゃありませんか。

そう申して、私は以下のように続けました。

私たちが「他者」に関わるとき、三つのかたちが指摘できます。一つは「信ずる」というかたち、二つめは「信じない」というかたち、三つめはどちらとも言えない半信半疑、つまりは「疑う」というかたちです。

親鸞聖人は、「信心」の反対はもちろん「疑惑」として見極めておられます。

例えば「正信偈」では、
生死輪転《しょうじりんでん》の家に還来《かえ》ることは、決するに疑情《ぎじょう》をもって所止《しょし》とす。／速《すみ》やかに寂静無為《じゃくじょうむい》の楽《みやこ》に入《い》ることは、必ず信心をもって能入《のうにゅう》とす、といえり。

とうたわれ、「疑情」（疑心）は流転《るてん》・空過《くうか》の因、「信心」は涅槃《ねはん》・成仏《じょうぶつ》の因であると、明確に信疑の判決をされています。

この判決にみる「信」と「疑」は、先に申し上げた三つのかかわり方の信でも疑でもありません。なぜなら、先の三つのかかわり方はすべて私の心を立場とした私心の信であり疑だからです。それに対して親鸞聖人が明らかにされる真実の信心とは、むしろそうした私心の信・不信・疑のすべてを「疑」と言いあてる仏智のはたらきそのものなのです。

真実信心は意識から起こるものではない

「疑」とは「ためらうこと、意の定まらないこと」であって、疑惑とも言われます。そのとおり、私たちが「信じる」とか「信じない」とか言っても、いかにふらふらと惑いやすいことか。友達のことを「心底から信じている」と思っていても、状況次第ではころりと不信に変わりかねません。その逆も同じこと。日ごろ「占いなど信じない」と言っていても、テレビの占いで「今日のあなたの運勢は最高」などと言われると、つい信じたくなる私がいます。ですから「念仏を信ずる」などと言っても、私心を立場とするかぎり、状況次第で「もう念仏なんかするものか」と、いつ放り出すかわかったものではありません。

ここにおいて、真実信心とは、人間の心によって成り立つのでなく、そんな私の実相をごまかしなく照らしだす光、つまり南無阿弥陀仏の大悲心への目覚めによってのみ、あたえられていく出来ごとであったことが知らされます。そうした私心の立場が一転するとき、思いもよらぬ出遇いの世界が開かれるのです。

先ほどの語らいのように「連れあいを信じている」という場合でも、お念仏の光に照らされれば、本当に信じているとは言えない状況（業縁《ごうえん》）次第の自分であることが炙りだされます。そして、そのとき初めて、自分の因縁に応じて、自分の人生を成り立たせるはたらきとしてあたえられた大切な連れあいであったこと

が見えてくるのです。「相手を信じている」という自らの信の傲慢《ごうまん》さが射抜かれ

る一瞬…。これはまったく一瞬の出来ごとです。人生とは、この一瞬の出来ごと

を反復していく歩みと言うほかないでしょう。

ですから真実信心は、私たちの意識に起こるけれども、意識から起こるもので

ないということでしょう。まさに私心の感覚や発想の転換というかたちで成り立

つことだからです。

蓮如上人は『御文《おふみ》』において、「すでに行者《ぎょうじゃ》のわろきこころを、如来《にょらい》のよき御《おん》

こころとおなじものになしたまうなり」（二帖目第十通）と言われています。この

お言葉は、私たちがお念仏を申すとき、自我意識に生きる私たちのうえに、仏と

同じ感覚と発想に生きることがあたえられていくことを告げられているのでしょ

う。

しかし、だからといって、「私の心はもはや仏と同じだ」などと自分から誇らしげに言えたものではありませんね。ある先達は、このお言葉のデリケートな意味をめぐって、「われは仏であると言えるいわれが、われは仏であると言わせないいわれである」と言われました。まさに、懺悔の表現でありましょう。

私たちにとって、「回心《えしん》」とはどんな体験か?

「回心ということ、ただひとたびあるべし」

先に、「信心」は私たちの意識に起こるけれども、意識から起こるものではないと申し上げました。その点であらためて『歎異抄』の第十六条に注目したいのです。そこでは、信心の自覚を表す「回心《えしん》」をめぐって、倫理的改心と宗教的回心との異質さが示されているからです。

信心の行者《ぎょうじゃ》、自然《じねん》に、はらをもたて、あしざまなることをもおかし、同朋同侶《どうぼうどうりょ》にもあいて口論をもしては、必ず回心《えしん》すべしということ。この条、断悪修善《だんあくしゅぜん》のここちか。

生活の場で、憎悪を抱いて腹をたてたり、悪事を犯してしまったり、悪口が出て口論になったりしたなら、そのたびに回心すべきだという主張は、人間的立場からは極めてもっともな了解のようにも思われます。しかし『歎異抄』を書いた唯円《ゆいえん》は、「この条、断悪修善のここちか」ときっぱり言い切ります。つまり、それは倫理的な反省にすぎないと見抜いているのです。そして、

一向専修《いっこうせんじゅ》のひとにおいては、回心ということ、ただひとたびあるべし。

と、親鸞聖人の信心の本義を告げるのですが、そこには「回心」という言葉の乱用が人びとの信心を惑わしていることへの悲しみが込められています。

自己と社会が問い直される道に立つ

私たちは「信心」と聞くと、とかくそれは自分の「心の状態」であると考えてしまいます。そうなると「回心」というのも、先に言われたように、何か悪いこ

とをするたびに反省する「いくたびもの回心」となるのは必然と言えるのでしょう。ですが、真実信心は「ただひとたびの回心」と言われます。それは単に一回限りということでなく、「ただひとたび」なのです。「ただ」は「唯」であって、絶対ということです。

ならば、私たちにとって回心とはどんな体験なのでしょうか。唯円の次の指摘をよくよく吟味すべきでありましょう。

> 日ごろ本願他力真宗をしらざるひと、弥陀の智慧をたまわりて、日ごろのこころにては、往生かなうべからずとおもいて、もとのこころをひきかえて、本願をたのみまいらするをこそ、回心とはもうしそうらえ。

（筆者訳：日ごろ本願他力の浄土真宗のこころを知らなかった人が、南無阿弥陀仏の信心の智慧を聞きひらいて、これまでの自力の心では浄土に生まれることができないと気づかされ、自力の心をひるがえして阿弥陀の本願《ほんがん》にうちまかすことこそ、回心と言うのです。)

ここでは「回心」は、もはや私心における反省などという話でなく、むしろ「私心を出離《しゅつり》する」ことだと告げられているのでした。

そのように言うと、また私たちの自我の心は「どうしたら出離できるのか?」と考えてしまうのですが、そんな分別沙汰ではありません。それは自分の身体を自分の腕で持ちあげようとするのと同じであって、不可能なことです。ここでは「弥陀の智慧をたまわりて」と書かれているとおり、すでに私心を出離した、私心とは異質な仏智《ぶっち》に立脚することが要請されているのです。

だから、信心は仏智を聞きひらくという立場の転換(回心)に成り立つ真実の主体を意味するのであり、その真実の主体から、逆に私心を問い直していく歩みが始まるのです。そして「私心を問う」とは、他ならぬこの私の自我が生み出す自己と社会を問うということです。つまり「回心」とは、自己と社会が丸ごと

「問い」として見いだされていく道に立つことであったのです。

「信心」が歩みであることを知らされる

その意味で、日ごろお寺などでの語らいの場で感ずるのは、熱心に聞法を重ねておられる人ほど、問題を深く問い詰めて話されることです。「帰命《きみょう》とは、要するにこういうことでしょ」などと、自分が聞きわけた教えから「答え」を簡単に出すのではなく、いままで考えてもみなかった根深い問題を引きずっている自分に出遇ったという体験から、問題を投げかけるように話されるのです。

このように申しますと、「答えはどうなるのか?」と言われそうですが、「答えは問いの中にしかない」と申し上げるしかありません。「問い」の外、問いとは別のところに「答え」などないのです。

このことをもっと踏み込んで考えれば、自我意識の私が求めるような「答え」

などないことに気づかされることでしょう。なぜか。そのことに気づくことこそが、「問い」が明らかになるということの中身だからです。

早い話が、誰かと対立して、何とか解決しなければと思ったとき、「問い」の外に答えを求めれば、その答えは「相手が私に謝ること」でしょう。しかし、金輪際《こんりんざい》そんな答えは得られません。なぜか。自分に問えば明白ですね。決して謝るような自分でないから、相手だって私に謝るわけがない。

自分が追い求めているような「答え」はどこにもないことに気づくとき、初めていままで見えていなかったものが、見えてくるのではないでしょうか。これこそ、一人ひとりにあたえられた公案[*1]ですね。

ここで想起されるのは、蓮如上人の次のお言葉（『蓮如上人御一代記聞書』）です。

心中《しんじゅう》をあらためんとまでは、思う人あれども、信をとらんと、思う人なきなり

（筆者訳：聞法により、わが心を改めよう（改心）と思う人はいても、信心

（回心）に立とうと思う人はいない）

「改心」と「回心」の異質さを問うことをとおして、信心が歩みであることを強く知らされます。その意味で、『御文』の四帖目第四通にうたわれている次の三首の詠歌が、想起されます。

ひとたびも　ほとけをたのむ　こころこそ　まことののりに　かなうみちなれ

つみふかく　如来をたのむ　身になれば　のりのちからに　西へこそゆけ

法《のり》をきく　みちにこころの　さだまれば　南無阿弥陀仏と　となえこそすれ

＊1　公案…禅問答で出される問題のこと。

第7章　「聞法」とは

「法を聞く」とはいったいどのような歩みなのか？

徹底して自我の分別が破られる出来ごと

浄土真宗では「聞法《もんぽう》」がいちばん大事だとよく耳にしますね。では「聞法」とは、いったいどのような歩みなのでしょうか。

「聞法」とは、文字どおり「法」（教法）を「聞」くことですが、親鸞聖人は「聞」ということを、「法」を自分の外にあるものとして対象化して聞くという意味ではなく、

きくというは、本願をききてうたがうこころなきを「聞」というなり。また、きくというは信心をあらわす御《み》のりなり。
（『一念多念文意』）

と言われ、「聞」を「信心」と切り離せないものとして了解されています。

もともと「聞法」は、『仏説無量寿経』にある「聞仏説法」（仏の説法を聞きて）という言葉からきていることで、広く〝仏法聴聞〟の意味に用いられていますが、親鸞聖人は『教行信証』の中で、とりわけ「聴聞」の二文字に、「ゆるされてきく、しんじてきく」と注記（左訓）されています。

このことからすれば、「聴」とは外（他者）から聴くことであり、「聞」は内（自己）から聞こえるということでしょう。しかもそれは「ゆるされてきく」という出来ごとであり、徹底して自我の分別《ふんべつ》・計《はか》らいが破られる懺悔を意味していると言えるでしょう。

蓮如上人はこうした「聞法」を

> その名号《みょうごう》をきくというは、ただおおようにきくにあらず。善知識《ぜんじしき》にあいて、「南無阿弥陀仏」の六《む》つの字のいわれをよくききひらきぬれば、（以下略）

（『御文』三帖目第六通・傍点筆者）

と言われています。つまり、私たちの仏道が成り立つ唯一の方法であるとともに、目的でもあることを「聞法」の意味に見すえておられるのです。

私たちは聞法と言えば、自我意識（考え・思い）の延長上で教えがわかることだと無意識のうちに思っています。それというのも、わかれば救われる（仏の救いに浴する）という、思い込みがあるからです。

しかし、わかっても救われないのですね。なぜか。自我の分別でわかっても、わかったことと、わかった自分とが別であって、わかった自分は何も変わらないからです。ならば、必須の関門は何か。それは仏法と、わかる自分とが一つになること。つまり、わかろうとする自我の分別が破られることですね。破られるとは、「これまでわかったと思っていたのは、みんな私の自我の分別やった！」ということの自覚、それ以外にないでしょう。

「腹に落ちる」ではなく「腹が落ちる」

それについてここで想い起こすのは、同朋会運動《どうぼうかい》（一九六二年にはじめられた信仰運動）の発足当時、教団を率いてご苦労された元真宗大谷派宗務総長の故・訓覇《くるべ》信雄《しんゆう》師の至言です。

ある人が「永年引きずってきた自分の不明が、今日はストンと腹に、落ちました。ありがとうございました」と頭をさげられたのです。すると師云く「仏法がわかったというのは、そんなことでない。腹が、落ちることや」。ハッとさせられましたね。自我の分別を射抜かれた一言でした。

私たちは「腹に、落ちる」ということが欲しいのです。だから、「腹が、落ちることや」と言われると、意外です。驚きです。その一点から照らし返されてみれば、「腹に、落ちる」は自分に仏法を加えること、加算でしかなかったのです。仏法によって弱い自分を支え、固めようとしていたのです。でも加えたものは状況次第で吹っ飛び、壊れもしますから。

「腹が落ちる」というのは、その逆です。「自分に仏法を加えるということは、すべて分別（思い）やった！」。この目覚めに立つか、否かです。このことは何を意味しているか。ほかならぬ、そこにだけほんとうの自己との出遇いがあるからです。ほんとうの自己は、分別としての自我の自分を超えて運ばれている、どうすることもできない厳粛な「身」としての自己ですね。

逃げ回っている自分をこそ知らされる

五木寛之さんは、小説『親鸞』（講談社文庫）の中で、弟子・唯円に向かって次のように親鸞に語らせています。

業《ごう》とは、世間でいう宿命《しゅくめい》ではない。結果には必ず原因がある、ということだ。人は決してわが計《はか》らうままには生きられない。その願うとおりにならないことを、業をせおっているというのだよ。そなたも、わたしも、大きな業をせおって生きておる。そのおそれと不安のなかにさしてくる光を、他力、という。救われる、というのは、そういうことではないか。わたしは、そう感じているのだ。

「聞法」とは、そのように「わが計らうままには生きられない」この宿業《しゅくごう》の「身」に、如来本願の生まれ出る大地を知らしめられて、挙足一歩《こそくいっぽ》（足を挙げて一歩踏みだす）をたまわるのでした。

ここで私は、金沢の真宗大谷派僧侶、故・藤原正遠師の次の告白に心打たれます。

わからんから　なむあみだぶつ
助けがないから　なむあみだぶつ
親や兄弟も　間にあわぬから

なむあみだぶつ
この身体《からだ》も心《こころ》も　間にあわぬから
なむあみだぶつ
なむあみだぶつも　間にあわぬから
なむあみだぶつ
（『大道』浄秀寺）

徹底して私有化をゆるさぬ「なむあみだぶつ」のはたらきは、
いずれにも　行くべき道の　絶《た》えたれば
口割《くちわ》りたもう　なむあみだぶつ
（同前）

と、向こうから名告《なの》り来てくださる本願の名号なのです。しかし、それでも本願のよびかけから逃げまわっている自分です。「逃げてはならぬ」。「はい」。そう答えるとき、「逃げることばかり」の自分が、はっきり見えてきます。

ここに「聞法」は、逃げる自分をこそ聞いて行く歩み、はからいの捨たらぬ自分をこそ、聞いて行く歩みなのです。

なにを聞くのか、なぜ聞くのか、どう聞くのか？

教学とは三つの問いを明らかにする営み

親鸞聖人が七高僧《しちこうそう》のお一人として讃えられた曇鸞大師《どんらんだいし》が、私たちの真実に生きる「依《よ》り処《どころ》」をめぐって、「何《いずれ》の所《ところ》にか依る」、「何の故にか依る」、「云何《いかん》が依る」という三つの問いを確かめておられます。つまり、「なにに依るのか」、「なぜ依るのか」、「どう依るのか」ということですね。

これを「聞法」にあてはめて言えば、「なにを聞くのか」、「なぜ聞くのか」、「どう聞くのか」の三つとなるでしょう。

ここで一言ふれておきたいのは、「教学」ということについてです。教学は

「教化」（教えを伝えること）と切り離してはありえないものですが、それは「教学」が、単に私が教えを学ぶという〝対象の学〟としての教学にとどまらず、私を教えに学ぶという〝主体の学〟としての教学であらねばならないということです。つまり、教学とは「教学する」という動詞的な質をもった営みでなければならないのです。もしそうでなければ、教学と教化は乖離《かいり》していくばかりでありましょう。

ですから教学とは、つねに現代に生きてはたらくものでなければならず、同時に、教化に内容と方向をあたえていくものでなくてはならないのでしょう。その意味で教学は、つねに先の三つの問い、つまり「なにを聞くのか」、「なぜ聞くのか」、「どう聞くのか」を明らかにする営みと言えるのではないでしょうか。

そこで、「聞」についてこの三つのことを、まず蓮如上人の『御文』にたずねてみますと、「なにを聞くのか」については、「「南無阿弥陀仏」の六つの字のいわれをよくききひらき」（三帖目第六通ほか）と言われ、「なぜ聞くのか」については、「後生《ごしょう》こそ一大事なり」（一帖目第十通ほか）と示され、「どう聞くのか」については、「もろもろの雑行《ぞうぎょう》・雑善《ぞうぜん》をなげすてて、一心一向に弥陀如来《みだにょらい》をたのみまいらせて」（三帖目第四通ほか）と展開されています。

次いでこの三つを、近代と切り結ぶ真宗理解を身をもって証《あかし》された清沢満之師の言葉に問えば、「なにを聞くのか」については、「自己とは何ぞや、是れ人世《じんせい》の根本的問題なり」（『臘扇記《ろうせんき》』）と言われ、「なぜ聞くのか」と言えば、「人生の意義は不可解である」（『我が信念』）からとおさえられ、そして「どう聞くのか」については、「自力の無功なることを信ずる」（同前）と言い切られています。

「自己とは何ぞや」という根本的な問いかけ

ここで少し吟味したいのですが、私たちはこれまで「信心」の問題と言えば、〝どうしたら救われるか？〟とか、〝どうすれば極楽に生まれるのか？〟といった疑問のように考えてきました。もちろんそれはそれで大切な問題にちがいないのですが、それが教義上の関心から発した疑問であるかぎり、いくら教えを聞いても、否、聞けば聞くほど不明なことばかりとなるのが近代の人知の限界と言えるでしょう。そこに立つ限り、〝救われるとは？〟、〝仏とは？〟、〝極楽とは？〟などなど、いつまでたっても疑問が絶えないのです。

そこで注目されるのが、清沢満之師の提起した、「自己とは何ぞや、是れ人世の根本的問題なり」という問いかけではなかったでしょうか。それは、この問いこそが、真宗仏教の信仰がもつほんとうの意味をたずね直す根本的な契機だからです。
つまり真の信仰とは「自己とは何か」という問いに答えるものとして、どこまでも自らに目覚めることをもって、本願の自覚化・主体化が成り立つことなのです。

これまで迷わなかったことに迷いだすとき

さて、「自己とは何か」ということを教えに聞いていくことは、いままでわかっていると思っていたことが、わからなくなるということです。満之師もそのことを『我が信念』で、

何が善だやら、悪だやら、何が真理だやら、非真理だやら、何が幸福だやら不幸だやら、一つも分るものでない。

と述懐しておられます。ここにおいて、私たちが日ごろ「仏法がわからん」とボ

ヤいているのは、〝わかっているから、わからん〟ということだったと気づかされます。

私たちに、何がわかっているというのでしょう。何が善か、何が悪か、何が幸福か、何が不幸か…。自我の分別意識のレベルでは、みなわかっているのです。だが、教えによって照らされると、そのへんがあやしくなってくるのです。

身体に障がいがあることは不幸、健常であることは幸福と、私たちは「わかって」います。しかし、きびしい境遇にありながらも何か明るさが感じられる人もいれば、反対に、恵まれた境遇で暮らしていても、どこか暗い顔つきの人もいます。はてさて、なぜだろうか。「不便だけれど、不幸ではない」。ある障がいをもつ方が、そのように言われたのが忘れられません。「わかっていたことが、わからなくなる」一例がそれです。

そうした意味で、教えに遇えば遇うほど、わかっていたことが、わからなくなる。これまで迷わなかったことに、迷いだす。これが聞法における何よりも大事なこと、尊いことなのですね。そこにおいて初めて、私たちは自我に生きてきた自分のすがたに出遇わされ、「自力無功」ということを知らされて、満之師が言われるように、

我《われ》には何にも分らないとなった処で、一切の事を挙げて、悉《ことごと》く之《これ》を如来に信頼する

（同前）

ことが成り立つのですから。

いつぞやも同朋会の集いで、こんな語らいをしたことです。

Aさん　いくら聞いても、わかりませんね。

池田　それはそうでしょう。

Aさん　どうしてですか。

池田　あなた、少しも迷っていないから。

Aさん　と、言うと？

池田　迷えば、さとることができるのですから。

Aさん　それなら、どうしろというの？

池田　お寺は聞法の道場ですから、まず迷っていない者を迷わせる場です。それが南無阿弥陀仏のご本尊《ほんぞん》の力ですね。共に教えの座に着きましょう。

第8章　「回向」とは

他者との絆が問われるいま、「回向《えこう》」の意味をあらためて考える。

人間を真に結びつける絆とは何か

「人づきあいが面倒で、地域の寄りあいに行きたくない」。子どもたちでさえ「友達と遊ぶより、家でゲームをしていたい」……。

欲望を満たすことこそ生きる意味だと考えて突っ走ってきた現代の私たちの生活は、それと裏腹にかえって生活にゆとりを失い、自分の都合ばかりが増幅し、人間関係が煩《わずら》わしくなり、「自己チュウ」（自己中心的な考え方）の生活空間を際限なく拡大させてしまっているのではないでしょうか。

他人に配慮しているようでも、実は自分の都合を優先し、さまざまな生活儀礼の簡略化をも加速させているかに思える昨今です。最も身近な人間関係である家族においても、核家族化が常態化し、家族の離散、家庭の崩壊が深刻度を増しているありさまです。

こうした非常事態ともいえる現状は、私たちにあらためて、人間を真に結びつける絆が何であるかを真剣に問い直させる、大切な機縁と言うべきではないでしょうか。

「回向」とは他者と共に生きる作用

私たちがあらゆる関係の集合体として、無数の繋《つな》がりを生きているかぎり、つねにすでに他者との出遇い（連帯）が問われ続けていることであります。この私たちのもつ重い問題に真に応答する命題として、「回向」の教言が注目されてなりません。

願わくは、この功徳《くどく》をもって、平等に一切《いっさい》に施《ほどこ》して、同じく菩提心《ぼだいしん》を発《おこ》して、安楽国《あんらくこく》に往生《おうじょう》せん。（善導大師「帰三宝偈」）

これは私たち真宗門徒が、朝夕の仏前での勤行《おつとめ》に結びの言葉として唱和《しょうわ》している「回向文《えこうもん》」ですが、ここには「願」と「功徳」と「施」の文字が見えています。これは「自分がいただいた功徳を、他の人びとに施しあたえて、共に仏道を歩みます」との誓いの表明なのです。それゆえ「回向」とは、真実の願いがもつ、他者と共に生きる作用のことです。

ならば、「自分のいただいた功徳を他に施す」という、「共に」の生きかたとはどういうもので、私たちに果たして可能なのでしょうか。源信和尚《げんしんかしょう》[*1]（九四二〜一〇一七、七高僧の第六祖）は、

まことの「施」とは、能施《のうせ》（施者）・所施《しょせ》（受者）・施物《せもつ》の三つが、一点の自我の執着の手垢《てあか》をとどめない行為である。（『往生要集《おうじょうようしゅう》』・取意訳）

と書かれています。何と厳しい言葉でしょうか。

エゴに生きる私たちは、他者への気遣いと言っても、せいぜい〝自分のことばかりでなく、少しは相手のことも考えて〟といった程度が限界です。だからどうしても、相手のためという行為も、恩を着せるこころの矛盾が超えられず、報われなければ常に愚痴になる。いつもそれが終着駅のわが身です。

ここで、他者への施しが容易ではないばかりか、また受けることの難しさをも知らされます。早い話が〝貰《もら》ったから、お返しをしなければ〟と言っても、〝返せば済む〟という意識ですから、ほんとうに受けとれていない面倒な人間、それがわが身です。

このようなわが身に、どこで「他者と共に」が成り立つのでしょうか。それは、こうしたわが身をごまかしなく射抜く如来の本願への帰依《きえ》においてです。そこにおいて初めて、真に「他者と共に」という道があたえられていくのです。

それはもはや〝私がする〟という、私が主体の回向でなく、徹底して如来が主体の「本願力回向《りき》」であります。「他者と共に」とは、その如来の回向に生かされて、賜っていく「共に」であったのです。それゆえ親鸞聖人は『正像末和讃』に、

如来の作願《さがん》をたずぬれば
苦悩の有情《うじょう》をすてずして
回向を首《しゅ》としたまいて
大悲心をば成就せり

と讃えられています。「回向を首としたまいて」の「首」には、「かしらとし、はじめて」と註記されていますが、「首」とは文字どおりそれがなければ生きられないものですから、「共に」という私たちの仏道は、如来の回向に貫かれて初めて成り立つものであったのです。まことに「如来の回向なかりせば、浄土の菩提《ぼだい》

はいかがせん」とうたわれるところです。

〝自己にとって他者とは何か〟を問うていく歩み

そこで、如来の回向によってあたえられていく「共に」の道を端的に言うとすれば、それは、〝自己にとって他者とは何か〟を問うていく歩みではないでしょうか。そこではもはや他者を無視したり、排除したりすることはゆるされません。かと言って妥協や追随であることもできません。いずれにも真の出遇いは生まれないからです。大切なことは、徹底して他者（他なる人格と、現前のもろもろのできごと）のもつ意味を見開いていくことでしょう。他者と出会っていく、否、出会っていかねばならない必然の意味の自覚です。

仏教はあらゆる現象を「仮《け》」と説いています。それは万物・万象がすべて内なる条件（因）と外なる条件（縁）との和合によって生じ、因縁が尽きれば解体するという仮和合《けわごう》の存在だからです。

親鸞聖人は「仮」を実践的に、「虚仮《こけ》」と「権仮《ごんけ》」という二つの意味で受けとめられていますが、それによって「仮」が何よりも通路（過程）として、私たちの大切な課題であることを教えられています。

もし通路を目的として、それを真実と固執すれば、たちどころに「虚仮不実《ふじつ》」となるでしょうし、それが過程であったという真実に目覚めれば「権仮方便《ほうべん》」として、真実の具体的なはたらきに転化することを意味しています。

ここに〝自己にとって他者とは何か〟という問いは、現前の事実（他者）を「虚仮」とするか、「権仮」とするかが問われていることに気づかされます。親鸞聖人は『教行信証』の総序に、南無阿弥陀仏は「悪を転じて徳を成《な》す正智《しょうち》」であり、真実の信心は「疑いを除き証《さとり》を獲《え》しむる真理なり」と明言されています。

先人は私たちに「無駄は一つもなかった」と、明るい顔を見せてくださっています。その証《あかし》に導かれるばかりです。

＊1　源信…源信僧都《そうず》。比叡山横川《よかわ》の恵《え》心院《しんいん》に住んでいたため、恵心僧都とも言われる。天台教学を学び、四十四歳のときに『往生要集』を著した。

なぜ往相《おうそう》と還相《げんそう》の二種回向が説かれるのか？

往相回向と還相回向は真宗仏道の根本原理

前に、回向の主体は私ではなく、如来にあるということを申し上げました。そのことを教えてくださった親鸞聖人は、『教行信証』教巻の最初のところで、

謹《つつし》んで浄土真宗を案ずるに、二種の回向あり。一つには往相、二つには還相なり。

と提起されています。往相回向と還相回向とが、あらゆる人びとを救う如来の大《だい》悲行《ひぎょう》として、浄土真宗の仏道の根本原理であることを示されているのです。

往相回向とは、如来が私たちと共に浄土に往生《おうじょう》する（本国に帰る）はたらきで

あり、還相回向とは如来がすでに浄土に生まれた人びと（菩薩衆）と共に、此土《このど》（他郷）に還《かえ》り来って「衆生《しゅじょう》を開化」したもうはたらきです。

なぜ穢土に還らねばならないのか

ここで基本的な確かめですが、なぜ浄土に往《い》くとか、穢土《えど》に還るとかと説かれるのでしょうか。「浄土教」がその名のごとく、浄土に生まれる教えであるならば、浄土に至ればそれで足りるではないか。なぜ穢土に還ると説かれるのか。それを言うなら何よりも、なぜ浄土に往かねばならないのかと、問われねばならないでしょう。その点、皆さんはいかがお受けとめでしょうか。

なぜ浄土に往かねばならないのか。それは穢土に還らねばならないからです。

では、なぜ穢土に還らねばならないのか。それは浄土に往かねばならないからです。

もし浄土に往くことが〝往きっきり〟で、穢土に還ることがなければ、それは現実逃避の厭世教《えんせいきょう》になりかねないでしょう。また、穢土に還ることが、穢土の人びとを浄土に向かわせることにならなければ、還ると言っても穢土に埋没するばかりで、元《もと》も子もなく、それこそミイラ取りがミイラになる類《たぐい》でしょう。親鸞聖人はそうした循環構造にある往還《おうげん》の回向が、すべて如来の本願力にあたえられることを仰がれて、その必然性を和讃の表現形式で示されています。一つは、

弥陀の回向成就して
往相還相ふたつなり
これらの回向によりてこそ
心行《しんぎょう》ともにえしむなれ
（『高僧和讃』曇鸞章）

とうたい、往還の二回向によって私たちの救い（「心行ともにえしむなれ」）が成

り立つことをうたわれています。この場合明らかに、還相回向・往相回向という次第関係の意味が知られます。

この点『高僧和讃』法然章の次の一首が、ことのほか注目されてなりません。

諸仏方便《しょぶつほうべん》ときいたり
源空《げんくう》（法然）ひじりとしめしつつ
無上の信心おしえてぞ
涅槃《ねはん》のかどをばひらきける

この和讃の前二句は、まさしく如来の還相回向のすがたを詠み、後二句は、それによって成り立つ如来の往相回向のはたらきを讃《たた》えるものといただけます。実に還相回向・往相回向という次第関係をもつ如来の二回向のご苦労が、もっとも具体的な事実としてうたわれ、まことに感銘深い一首です。

こうした親鸞聖人の讃仰は、到るところにうかがわれますが、

大聖おのおのもろともに
凡愚底下《ぼんぐていげ》のつみびとを
逆悪《ぎゃくあく》もらさぬ誓願《せいがん》に
方便引入《ほうべんいんにゅう》せしめけり
（『浄土和讃』観経意）

という一首もその顕著なものと言えるでしょう。言うまでもなくこれは、『仏説観無量寿経』に説かれた「王舎城《おうしゃじょう》の悲劇」に登場する人びとが、釈尊をはじめ同じく如来の還相回向の大悲に乗じて、私たちの業苦《ごうく》のただ中に本願念仏の仏道を興隆してくださったと、その恩徳を仰がれているのです。

往相・還相の次第は救いにおいて賜る課題

こうした如来の二回向によって往生浄土の大道に立つところには、次の和讃が告げる重い宿題が発見されます。それがいま一つの関係です。

南無阿弥陀仏《なむあみだぶつ》の回向の
恩徳《おんどく》広大不思議にて
往相回向の利益《りやく》には
還相回向に回入《えにゅう》せり

（『正像末和讃』）

ここには、明らかに往相回向・還相回向という次第関係がうたわれています。これは一体何を表すのでしょうか。ここで言えることは、還相回向・往相回向の次第が私たちの救いの成り立つ過程を表すとすれば、この往相回向・還相回向の次第は、救いにおいて賜る私たちの課題ではないでしょうか。そのことこそ、先に挙げた「回向文《もん》」の「願以此功徳、平等施一切、同発菩提心、往生安楽国」という歩みであったのです。

このように往相・還相の次第の意味を言えば、〝信心の行人《ぎょうにん》はもう浄土から還って来た菩薩なのか〟などと早とちりされないともかぎりませんが、そんな頭の体操みたいな沙汰ではありません。「往相回向の利益には、還相回向に回入せり」とは、往相回向の心行（涅槃の真因）は、かならず還相回向（涅槃の妙果）に方向づけられ、そこに「常に大悲を行ずる（常行《じょうぎょう》大悲）」歩みが始まることを意味していると言えましょう。

「常行大悲」とは、信心の分限で語る還相回向の利益であり、還相回向は涅槃の極果で語る常行大悲の菩薩行と言えるでしょう。常行大悲とは、因位と果位との分限の異なりをもちながら、共に本願力回向の利益として絶対的な関わりにあります。〝一にして同時に二〟であり、〝二にして同時に一〟というありかたなのです。

ある人が親しくしている法友を見舞って、「あんたがお浄土へ行かなんだら、浄土へ行く人はおらんわ」と言ったそうです。すると友云く「私はどこへも行かんわね。ここでご本願のお手伝いをさせてもらいたいと思っとるだけや」。何とすごい言葉でしょうか。

なお、いま申し上げたことは、〝自己にとって他者とは何か〟を問うていく歩みが大切だという先ほどの指摘と、いま一度重ねてお読みいただければ幸いです。

第9章　「諸仏」とは

「諸仏《しょぶつ》」のひと言にこめられた、私たちの人生の一大事。

「何のために生きるのか」という問いに応えるもの

真宗では、法事などのおりに「亡くなられた方は仏さま（諸仏）に成って私たちを見守ってくださいます」などと説かれます。この「諸仏」とは何を意味しているのでしょうか。

阿弥陀如来一仏《いちぶつ》に帰依《きえ》する真宗仏教は、よくキリスト教などの一神教に重ねられます。しかし、真宗は決して一神教ではありません。それは、「諸仏」を説くからです。ならば、多神教か汎神教《はんしんきょう》かと言われもしますが、いずれも否です。なぜなら、諸仏はつねに弥陀から生まれて、弥陀の証人となり、弥陀に統摂《とうしょう》される存在だからです。

では、もともと仏教で「諸仏」が説かれることには、どんな意味が込められているのでしょうか。おそらく根本的にはいかなる人も「仏に成る」ことができるという、仏教の真理性《しんり》でありましょう。ということは、私たちが人と生まれて生きていながら、考えてみたこともない、否、考えようとしたこともない「一大事」を言いあてたことなのです。

「どう生きるかが問題ではない／何のために生きるかが問題である」。これは故・能邨《のむら》英士師（真宗大谷派勝光寺前住職・元真宗大谷派宗務総長）がご門徒あてに書かれたポストカードの言葉ですが、真剣に生きようとすればするほど、決定的な意味をもつ問いは、「何のために生きるか」という生きる意味への問いではないでしょうか。そうした問いに応える仏教の眼目が、実はこの「仏に成る」という命題の表す本義と言えるのでしょう。

しかしそうした重い「仏に成る」ということも、もはや現代の私たちの生活実感からは距離のある言葉になってしまっています。それだけに、ここで立ち止まって自問したいと思うのです。

「人生には避けられないことが二つある」

私たちが生きるという場合、ただ生きてさえいられればよいのでしょうか。決してそうではありません。そこには「生き甲斐」がなければ、生きられないということがあるのです。それゆえ現に「生き甲斐」のために、「生きる」ことを放棄することさえあるのです。

そこで私たちは、それぞれの境遇《きょうぐう》で、何かに生き甲斐を見いだして生きているのでしょう。ある人は仕事に、ある人は子育てに、ある人は趣味に…といった具合です。ところがここで、もう一つのことが確認されていなければ、いま生き甲斐だと言っていることそれ自体が、地に足が着いていないことでないのか？と思うのです。そのもう一つの大事なこととは、何でしょうか。

その点で、私にはいまも忘れられない出来ごとがあります。働き盛りの主婦Kさんが、仕事中に倒れ、意識不明になられました。幸い一命はとりとめられましたが、後遺症で療養生活を余儀なくされたのです。そのKさんが、熱心な聞法者であった義父母に、「いまこそ仏法に遇うチャンスや」と強く背を押され、介添えされながら聞法の席に来られたのは、発病から二年後のことでした。

Kさん云く、「こんな身体になって、妻として、母として、主婦として、何一つできなくなりました。もう生きている意味がありません。死にたいです…」。死に言葉が不自由な状態のなかから、ふり絞るように、切々と言われたのです。

私はあまりにもきびしい現前の事実に言葉を失い、何も言えず、ただじっとK

さんが絞りだされる言葉に耳を傾けるばかりでした。こうした訴えは、そのような縁に出会えばきっと突きあげてくる悲しさであり、切なさであり、苦しさにちがいありません。その意味で、浮かれている今日の私の生きざまを、身をもって見せてくださっているとしか言いようのないお姿でした。

しばらく沈黙のときが過ぎましたが、ふっと思い出されてきた一つの言葉。思わずそれを白紙に書きました。

　人生には避けられないことが
　二つある
　一つは死ぬこと
　もう一つは生きることだ
（作者不詳）

「これを毎日読んでください。口ずさんでください。その声をあなた自身が聞き続けてください。きっと何かが聞こえてきますから」。そう申して、Kさんにその紙をお渡しするのが精一杯でした。

さきほど「もう一つのこと」と申したことが、この言葉から見事に言いあてられています。「避けられないこと」と聞けば、「死ぬこと」と誰しも言うでしょう。だが、その言葉が嘘か真かは、「もう一つは生きることだ」と言えるか否かにかかっていると言えましょう。

なぜ、生きねばならないか。これこそ「何のために生きるか」を見開く問いであり、一人ひとりが聞き開く道なのです。

「諸仏とひとしき」人間の尊厳性の自覚を

ひるがえって、「諸仏」の語意に注目すると、「仏」は覚者、真理を覚《さと》れる人ですから、仏仏平等であり、差異のあるはずはありません。しかし「諸」は相対ですから個性を表す意味で、一仏一仏はそのはたらきにおいて異なりが見られます。Aの仏にはBの仏にないはたらき、Bの仏にはAの仏に見られないはたらきがあるといった具合で、それぞれが特性、特徴をもつ存在ということです。

それもそのはず、「諸仏それぞれは、前仏に導かれて仏に成った人である」（曇鸞大師『略論安楽浄土義』・取意訳）からです。それはおのおの宿業《しゅくごう》の身に開かれた「正覚《しょうがく》の華《はな》」（自覚の智慧）と言うべきでしょう。そこには宿業が宿命でなく、使命と転ぜられた生活者の誕生があります。「前《さき》に生まれん者は後《のち》を導き、後《のち》に生まれん者《ひと》は前《さき》を訪《とぶら》え、連続無窮《れんぞくむぐう》にして」（『教行信証』化身土末巻）という仏教の歴史は、実に諸仏の伝統であり、その伝統に召されることこそ、私たちの人と生まれた目的でないか！と促がされているのであります。

親鸞聖人が「信心のひと」を、「諸仏とひとしきひと」と讃えられる理由もここにあるのでしょうし、それは人間の真の尊厳性の自覚を表してあまりあることなのです。

ここにあらためて「諸仏」には、（一）阿弥陀仏との関係、（二）衆生（私たち）との関係、の二面が聞き定められねばなりません。次にそのことをたずねてまいります。

阿弥陀仏と諸仏と私たちはどういう関係にあるのか？

諸仏在《まし》せばこそ本願成就が現実となる

まず、「阿弥陀仏」と「諸仏」には、親子の関係が見られます。なぜなら、「仏」が「覚者」であることは、覚《さと》れる「人」と、覚れる「法」（阿弥陀）との一体の事実ですから、諸仏とは阿弥陀という「法」に覚醒《かくせい》して仏に成った人びとだからです。

それゆえ阿弥陀を「諸仏阿弥陀」（『教行信証』行巻）と讃嘆することは、諸仏が十方世界に遍《あまね》く満《み》ちみつる阿弥陀の本願力の活動相であることを告げています。ならば、このことは、諸仏こそ阿弥陀を阿弥陀にしている存在にほかならない、ということになるでしょう。

なぜなら、現に諸仏在《まし》さなければ阿弥陀の本願の救済も事実とはならず、阿弥陀も阿弥陀と成ることができないからです。諸仏在せばこそ阿弥陀在すことが証明され、本願成就が現実となるのです。

「極楽にさのみ用事はなけれども、弥陀をたすけに往かにゃなるまい」（作者不詳）。何のてらいもなく言い放つこの古歌の、何と痛快な響きであることか。阿弥陀によって救われた諸仏は、同時に阿弥陀を救う諸仏なのです。阿弥陀の四十八願《しじゅうはちがん》の中、第十七願（諸仏称名《しょうみょう》の願）は、まさに諸仏の称名を待っての阿弥陀の本願であることを表しています。阿弥陀と諸仏の交互成就、相互に証明しあう関係なのです。

諸仏と私たちは兄弟姉妹の間柄にある

幾鉢の花に遅速や福寿草

これは句仏《くぶつ》上人（真宗大谷派第二十三代門首《もんしゅ》）の句ですが、同じ福寿草の花にも、已《すで》に開く、今開く、当《まさ》に開くという遅速の違いがあるように、真実信心の人は「当来の仏」として「諸仏とひとし」と説かれることは、「諸仏」と「衆生」（私たち）の関係が、同じ親たる阿弥陀の「子」として、諸仏とは兄弟・姉妹の間柄にあるということでしょう。

兄・姉は弟・妹にとって先輩であると同時に、また先達でもあります。いま私たちが阿弥陀に出遇う唯一の方途は、すでに阿弥陀の本願に目覚めて生きる諸仏の「教え」に導かれるほかはないのです。「諸仏善知識」（師）と説かれるゆえんです。この善知識としての諸仏の恩徳を、親鸞聖人は深く感佩《かんぱい》されていますが、今は特に次の三点の恩徳を挙げたいと思います。

まずはじめに勧信の恩徳です。文字どおり私たちに信心を勧めたもう恩徳ですが、それは単に奨励するというだけのことではありません。

恒沙塵数《ごうじゃじんじゅ》の如来は
万行《まんぎょう》の少善きらいつつ
名号《みょうごう》不思議の信心を
ひとしくひとえにすすめしむ
（『浄土和讃』弥陀経意）

とうたわれるように、「万行の少善」（人知）に立つか、「名号不思議の信心」（仏智）に立つか、私たちの生・死する立脚地の選び（回心《えしん》）が促されているのです。それゆえ「五濁《じょく》悪時悪世界／濁《じょく》悪邪《じゃ》見の衆生には／弥陀《みだ》の名号あたえてぞ／恒沙の諸仏すすめたる」（同前）と反復されているのです。こうした事実は、これを言いかえれば、私たちの真に問わねばならない「問題」を喚起してくださる教恩と言えるでしょう。

二つめは証誠の恩徳です。それはすでにふれたことからも、阿弥陀の本願の救済を自らに証得し、「すでにこの道あり、必ず度すべし」（『教行信証』信巻）と、私たちの背を押してくださる「得道の人」、証人の恩徳です。

三つめは護念の恩徳です。親鸞聖人は『浄土和讃』の『現世利益和讃《げんぜりやく》』でも、十方の諸仏は念仏の人を「よるひるつねにまもる」ことを反復讃嘆されていま す。では、何を護りたもうのか。『現世利益和讃』では、

無碍光仏《むげこう》のひかりには
無数《むしゅ》の阿弥陀ましまして
化仏《けぶつ》おのおのことごとく
真実信心をまもるなり

とうたわれています（傍点筆者）。「真実信心を護る」。このことは、自分の都合を

護っていただくことしか考えない私たちの自我からは、驚きというほかありません。さらに親鸞聖人は、真宗仏教伝統の第五祖である中国の善導大師の「二河白《にがびゃく》道《どう》の譬喩」について、『高僧和讃』にその意をふまえて「貪瞋《とんじん》二河《にが》の譬喩《ひゆ》をとき／弘願《ぐがん》の信心守護せしむ」（傍点筆者）とうたわれ、やはり「信心守護」を重視されています。

諸仏はなぜ私たちの信心を護るのか

では、諸仏はなぜ私たち衆生《しゅじょう》の信心を護りたもうのか。ここで注目すべきは、聖人が自著で三回、『歎異抄』でも一回語っておられる「往生の信心」という言葉です。それは文字どおり「往生極楽のみち」（『歎異抄』第二条）を往く信心、つまり〝歩む信心〟ということでしょう。歩むと言うからには、その道のりは決して平坦ではなく、躓《つまづ》く・惑《まど》う・転《ころ》ぶことが避けられない。躓くからこそ、惑うからこそ、転ぶからこそ、いよいよ本願を聞き直していく歩みでないでしょうか。「仏法は一瞬である」（小山貞子著・金丸悦子発行『まるもうけ』）と言われるように、つねに破られ始めの満され始め（始破始満）という、初一念の反復の道でありま す。

ひるがえってみれば、信心に生きることは、信心を見失うような自分にとって想定外のもろもろの内外の「難」と出会っていくことでしょう。それなればこそ、諸仏の教えの護持養育なくして、信心の歩みの持続・相続はありえない。諸仏の「恩徳広大」であるゆえんですね。

このように、「諸仏」の恩徳をたずねると、そうした諸仏の伝統を代表する存在として「教主世尊」、お釈迦さまを尊崇《そんすう》し、そしてその教えの伝統としてインド・中国・日本の三国にわたる七高僧を仰がれたのが親鸞聖人でした。その起点が恩師・法然上人であったことは言うまでもありません。

そうした恩徳の系脈が、私たちそれぞれに「有縁《うえん》の知識」（『歎異抄』前序）の導きとなって実り、諸仏の歴史・念仏の伝統に召されるのでした。そして、例えば亡くなった人がどんな死にざま・生きざまであろうとも、その人が私にとって教えの仏として拝み直されるとき、ほんとうの出遇い、ほんとうの「供養《くよう》」が成り立つのでしょう。

第10章　「生活」とは

真宗の教えと「生活」はどのような関係にあるのか？

善悪の分別《ふんべつ》に立つ生活が問い直される

私たちは、真宗の教えと「生活」を、どのような関係にあるものとして受けとめているのでしょうか。ほんとうの生活とは、どんな生きかたでしょうか。

よくお寺での座談などのおりに、門徒さんから「仏法を聞いたら、生活がよくなるのじゃないですか」と言われます。その場合、よくなるとはどういう意味ですかとたずねると、「たとえば、心がおだやかになり、他に対して優しくなるとか…」などとおっしゃるのです。しかしそれでは、善悪の分別の沙汰ですから、倫理道徳的な話になってしまいます。

たしかに「他に対して優しく」といったことは、生活のうえでつねに注意される大切な点にちがいないのですが、どうでしょうか。「言うは易《やす》し、行うは難し」で、〝それはきれいごとでしょ〟となってしまわないでしょうか。

親鸞聖人が『歎異抄』で「さるべき業縁《ごうえん》のもよおせば、いかなるふるまいもすべし」と言われるように、条件次第でしか生きられないこの身の実存に眼をひらくことなくして、真に地に足がついた生活など始まりようがないのではないでしょうか。その意味で、真宗との出遇いとは、善悪の分別に立つ生活が問い直されることによって、私の「思い」を超えた「縁」を生きる生活に目覚める、そこに初めてほんとうに生きると言えることが成り立つ、そういうことではないでしょうか。

自分の「外」にも「内」にも依《よ》り処《どころ》は見いだせない

私たちの日常ひとつをとってみても、何とたくさんのすれちがいやら、反目やら、争いごとやらを引きずっていることでしょうか。そのことを思うと、「縁」という、この事実がもつ重さを見失って、分別のエゴに生きる自分が照らされてきます。

ここで改めて感ずることは、私たちはほんとうの意味で生活者とは言えないのではないか、ということです。なぜなら、生活する主体が不在だからです。つまり、ほんとうの「私」が居ない。居るのは自我意識としての私だけです。それが証拠に、私たちの生きかたは、自我の思いと周囲の状況だけが頼りなのです。

それが実態ですから、私たちはつねに依り処を自分以外のもの、つまり「外」に求めているではありませんか。親や子や兄弟や友達や、財産、名誉、地位などなど…。ですが、それらは自分以外のもの、自分とは「別体」ですから、そのかぎりで真の依り処（主体）とはなりえない。離合集散するたびに、〝あれほど仲よくしていたのは何だったのか？〟と、むなしい思いを繰り返すだけでしょう。かと言って、自らの内面、つまり「内」に確かな依り処を築こうとしても、自分の心はこれまた自分ではどうすることもできません。

では、どこに依り処を見いだせるのか。そこには、どうしても遇わねばならないものがあったのです。それが真実の言葉です。すでに私たちに先だって真実の言葉を道として生きてきた「よきひとのおおせ」に出遇うことなのです。

弱き者、自我意識の自分は、自分を固めようと、外の物や他人はおろか、自分自身のこの身体、このいのち、さらには仏法までも自我の支配下に引き込んで、思いのままにしようと血眼《ちまなこ》です。その全体が〝自我の分別の虚構であり、妄想でしかない〟とよびかける「智慧の念仏」が、「信心の智慧」として私に「自覚」

となってくださるのです。

この自覚は、もはや自分の「内」とは言えません。私はあえて「中」と申したい。それは「内」（私心の内）とは異質な中心の「中」です。自我の分別を自覚的に突き抜けた「中心」の獲得を意味するからです。それこそ生活者と言えるほんとうの私、つまり「中心主体」です。そうなれば、今度はその主体から外の物や他人、そしてこの身体、このいのちを知見していく生きかたが始まります。

そこからは、外の物や他人がどのように見えるのでしょうか。どのような自己が見えていくのでしょうか。それは思いどおりにしたい相手でしょうか。それとも、仏さまに賜りたる自己でしょうか。

「天命に安んじて人事を尽くす」とは

「何が真実か」を知見していく歩みとは、何よりも生活の場で不可能なこと

（どうにもならないこと）と、可能なこと（どうにかできること）との分限の見極めにあると言えないでしょうか。それが証拠に主体不在の生きかたは、この分限の不明さゆえに苦しむことでしょう。私たちはよく、不可能なことに頭を突っ込み、思うようにならぬと歎《なげ》き、そのくせに可能なことを何もやっていないことがあります。主体不在の生きかたとはそれなのです。

清沢満之の「天命に安んじて人事を尽くす」というよく知られている一語は、「人事を尽くして天命をまつ」という古聖の言葉をひっくり返したものだけに、殊のほか注目されるものです。ここでの私たちの課題は、「天命」と「人事」の関係と言えるでしょう。「人事を尽くして天命をまつ」という場合、天命と人事は別ものです。なぜなら、精一杯努力して、それ以上は天にまかすしかないというのですから。しかもその天命が運命であるかぎり、諦め（断念）主義に落ち入らざるをえないでしょう。

それに対し満之の場合は、天命と人事が別ものでなく一体の世界です。なぜなら、「天命に安んじて」という自覚は、もはや天命が運命でなく使命となって、真に「人事を尽くす」力として現働しているからです。不可能なことと、可能なこととの分限の自覚は、どうすることもできないことを、どうする必要もないこととして、却《かえ》って生活の活力源（功徳《くどく》）と転じさせる仏智なのであります。

「才能は天命ですが、努力は後天的ですから、私は子どもに勉強しなさいとやかましく言います」とおっしゃるお母さんの声をよく聞きますが、いかがでしょうか。どこからともなく〝努力する気力も天分のうちよ〟という声なき声が聞こえてこないでしょうか。宿題が気になる子は、周囲が言わなくてもやっています。気にならない子は、いくら言ってもやりません。そのことがわかると、不思議にも親子の「出遇い」が始まります。

子育てをしていると、「私によく似た子ができた！」と汗顔《かんがん》の至りになることがありますね。しかしその足元に、親子が共に育つ共育の道が見えてこないでしょうか。

そう言えば、あるお寺の伝道掲示板に、

親が育てば、子も育つ

とありました。

真宗の教えを生きるとはどのような生活なのか？

真宗に生きるとは「報恩《ほうおん》」の生活である

真宗との出遇いは、単に真宗がわかればよいというものではありません。なぜか。わかった真宗を生きることが、そこに始まらねばならないからです。もしわかったことと、生きることとが別であれば、それほど空疎で無意味なことはないでしょう。

すでに親鸞聖人が真宗に生きる生活を、「報恩」の語をもって明らかにされていることを、ここであらためて注目したいのです。

「恩」と言えば、もはや今日では忘れ去られたかに思える言葉ですが、人間が関係的存在として無数の恩恵によって生きるものであるかぎり、「恩」は人間存在の根本的な事実であり、その恩恵に対する謝念の心が人倫の大本として重視されるのも当然でしょう。

近年「感謝」という言葉を非常によく耳にします。例えばテレビや新聞では、スポーツ、芸能、科学など様々な分野で素晴しい記録や優れた成果をあげた人びとが、異口同音に「皆さんのご支援、ご協力のたまものであり、感謝の気持ちで一杯です」などと熱く語られ、そのことが謙虚な美しい姿勢として歓迎されています。

しかし一方、私たちが教えと向きあうことによって気づくことは、一口に感謝と言っても、その感謝が私心に立つものであるかぎり、それが「恐れ」の裏返しとしてあるという動かぬ自己矛盾をかかえている事実です。

このことは、日本人の先祖観において典型的に見られます。「ご先祖」は一方では感謝の対象でありつつ、一方では恐れの対象という複合性をもっています。生活が順境であれば、「ご先祖のおかげ」と喜び、逆境に陥れば「先祖の祟《たた》りでは？」と怯《おび》えるのがそれでしょう。「人間は功利心に比例して恐れを抱く」と言われるゆえんです。そうした「恐れ」の自分に気づくとき、ほんとうの感謝とは程遠い自分への悲しみに、初めてあたえられていくのが真の感謝ではないでしょうか。

　こうした自我意識による「感謝」を問い返しているのが、「報恩」という言葉です。親鸞聖人が「報恩」と言われるときの「恩」の根本は、そこに気づかせる真実のひかりである「南無阿弥陀仏《なむあみだぶつ》」のはたらきそのものにあるのです。

　そのことが、「恩徳讃《おんどくさん》」として広く知られているご和讃には、

　　如来大悲《にょらいだいひ》の恩徳は
　　身《み》を粉《こ》にしても報《ほう》ずべし

師主知識《ししゅちしき》の恩徳も
ほねをくだきても謝《しゃ》すべし

とうたわれています。つまり親鸞聖人が言われる「恩徳」とは、私たちを真実の仏道に立たせる「如来大悲の恩徳」と、私にまでそれを届けてくださった念仏の伝統、「師主知識の恩徳」とであります。

この恩徳によって、初めて私を在らしめているもろもろの恩恵（それを仏教では父母の恩、人びとの恩、天地自然の恩の三つに統摂して説いています）への真の感謝が成り立つのです。しかもそれは「よくぞ仏法に遇わせてくださったことよ」という、よろこびの一点に統一される謝念というべきでしょう。

南無阿弥陀仏の名号《みょうごう》は万善万行《まんぜんまんぎょう》の総体である

真宗の門徒さんで、「私は朝起床すると、まず戸外に出て「日・月・星」を拝み、次いで東西南北の四方を拝み、それからお仏壇にお参りをしています」といったことを言われる方に、ときおり出会います。それらが日課になっていることは、とても尊い行為にちがいありませんが、私はお尋ねする意味で、「お内仏《ないぶつ》でご本尊《ほんぞん》に礼拝し、正信偈のお勤《つと》めをなさることは、日月や天地自然の恵みに感謝する意味はないのでしょうか」と一言申しあげるのです。さらにもう一言、「蓮如上人が『御文』の二帖目第九通に、

さて、南無阿弥陀仏といえる行体《ぎょうたい》には、一切の諸神《しょじん》・諸仏・菩薩《ぼさつ》も、そのほか万善万行も、ことごとくみなこもれるがゆえに、なにの不足ありてか諸行《しょぎょう》諸善にこころをとどむべきや。すでに南無阿弥陀仏といえる名号は、万善万行の総体《そうたい》なれば、いよいよたのもしきなり。

と言われていることを、どう聞いておられるのでしょうか。この上人のお言葉をあらためて熟読自問していこうではありませんか」と申すことです。ここで「な

むあみだぶつ」の恩徳は、もろもろの恩徳の中のひとつでなく、あらゆる恩徳の、純なる意味に気づかせる恩徳であることが明らかになってきます。

それでは「恩に報いる」とは、いかなる意味でしょうか。「報恩」が「知恩」に依って成り立つことであるかぎり、知った身の足下から始まる「報いる」生活は、その知った恩徳を文字どおり他に報《し》らせていく（報知・報告）ことでありましょう。

それは、概念化された理論や教条でないことは言うまでもありません。教えは、私たちの生活における感覚や発想にまで具体化して働いていくのですから、その生活していく感覚・発想として報らせていくもの、他の人に伝わり、共有していくものでありましょう。

闇深い現実との緊張感を生きることこそ報恩の感覚

思えば、私たちは如来大悲・師主知識の恩徳を根底に、もろもろの恩恵のど真ん中に運ばれています。世間一般でも、「人とのつながりによって生かされている」といったことがよく語られますが、「生かされている」という言葉も、その意味では真実性を感じます。

しかしこの現実はそれとは裏腹に、この「生かされている」といういのちの真実を、どこまでも私物化するような傲慢《ごうまん》な生きかたに走り、しかもそれとも気づかぬ人間中心主義の深い闇の中で、人間自ら滅びの道を突き進む危うさを感ずる現在の状況でないでしょうか。原発の問題もしかり、憲法九条の問題もしかりです。こうした闇深い現実との緊張感を生きることこそ、報恩の感覚にちがいありません。

『中日新聞』の「時事川柳」で見た「気がつけば　民が怒らぬ　国となり」（二〇一四年十月十二日付）という一句が、心に染みている現在です。さらには、「この舟は　行き先知らず　どろの舟」（同年十二月二十九日付）という一句も。なんとも危なっかしい現在の状況を告げているようです。

第11章　「教化」とは

教化《きょうけ》という課題は、私たちにとってどういうものか？

「生まれたもの」から「生むもの」への転換

この本では、これまで真宗の基礎的な言葉をいくつか取りあげて述べてきましたが、最後に「教化」という語に注目して結びとさせていただきます。

それは、「仏教」を実践的に言えば、私たちが「仏の教化」にあずかることに尽くされるからであります。

「教化」は「教導感化」とか「教導化育」などと言われますが、それは人びとの求道心を開発し、「真人《まことのひと》」と成す営みだということでしょう。そして教化がそうした営みであるということは、「教化」の主体、もしくは主語が、つねに「仏」

であることを意味しています。なぜなら、そのような営みは自我の執心に生きる私たち「凡夫《ぼんぶ》」のなしうることではないからです。

それなら「教化」という課題は、私たちにとって何なのか、無関係のことなのか。そうではありません。本来「教化」は仏の「証悟《さとり》」の証《あか》しであり、功徳《くどく》ですから、それに浴する者は同じくその証しとして教化の課題を荷《にな》うものとなるのです。

私たちの立ち位置は、徹底して仏に教化せられていく立場です。それゆえ、よく教化せられていくところに、おのずから「他者へのはたらきかけ」があたえられ、「生まれたものから、生むものへ」という転換として、私たちもまた教化の伝統に召されていくことになっていくのでしょう。

教化と「教育」はどのように違うのか

ここで、「教化」の意味を明らかにするために、一般で言う「教育」との違いをおさえれば、次のように言えるのではないでしょうか。

教育とは、文化の一環として、同じく文化を創造する人間の育成をめざす営みでしょう。そのことから言えば、教育はどこまでも人知に始発した人間形成の道ゆきであると言えます。それに対して、仏の教化は人知を超えた仏の智慧にもとづく人間形成（真人成就）の道ゆきですから、文化を超え、かえって文化を基礎づけるような求道的な人間の誕生を願うものと言えるでしょう。

ですから、「教育」と「教化」の決定的な相違点は、「教育」が人間の理性へのかぎりない信頼に立つ営みであるのに対し、「教化」は人間の理性至上のありかたを問い返す仏智の営みであることでしょう。

そこで想起されるのは、故・暁烏敏師が、お釈迦さまの開悟の意味するところを、「おゝ無明《むみょう》よ」という一語で喝破《かっぱ》したことです。

仏伝でよく知られているとおり、お釈迦さまは修行の最後の段階で、独り菩提《ぼだい》樹《じゅ》の下に坐して内観の実践に入られました。その際のお釈迦さまの内面の葛藤は、誘惑する悪魔の来襲と、守護神・帝釈天《たいしゃくてん》との闘いとして伝えられています。

しかし、その守護神であるはずの帝釈天は、ついに悪魔の大軍勢を前にした時、お釈迦さまを守護することを放棄して逃亡してしまったのです。どこへ逃亡したのでしょうか？　それが、こともあろうに、悪魔の大軍勢の中に逃亡したのです。その瞬間に、お釈迦さまは豁然《かつぜん》とさとりを開かれたのでした。（それがおきたのが十二月八日の「成道《じょうどう》の日」と伝えられています）。

悪魔とはお釈迦さまの欲望のことであり、帝釈天とは理性のことです。お釈迦さまをつねに欲望から守護し、向上することを意欲してやまない理性、それが何と欲望と同質であったではないか。人間の至宝とする理性が、人間を闇の深淵《しんえん》に引きずり込む欲望の変形でしかなかった…。この驚きと懺悔《さんげ》こそ、お釈迦さまの開悟だったと告げる一語、それが「お丶無明よ」でした。

そこに始まったお釈迦さまの生きかたは、理性至上の人間中心主義の傲慢さをひるがえし、真理《しんり》に対する謙虚な姿勢を生きる根底に獲得することを、広く自・他のうえに勧められた（教化）ことであったのです。

「ふいっと　わからして　もらったいな」

ここで確認したいことは、教育が人知における同質的な変化、つまり人知の延長上で何かがわかること（知識の吸収や創出）であるのに対し、仏の教化に浴することは、人知とまったく異質な仏智にふれることですから、実際の体験としてかならず人知からの飛躍がともなうということです。

深く聞法して、自らの人生を真剣に生き抜かれた人を、真宗仏教は「妙好人《みょうこうにん》」と呼んで讃えていますが、その一人に〝因幡《いなば》の源左《げんざ》さん〟という人のことが伝えられております。その源左さんの言葉に、

ふいっと　わからして　もらったいな

というのがあります。悶々《もんもん》とした求法の歩みの中で、ある日、あるとき、思いもよらず、「あっ、そうか」と心眼がひらけた一念を言い表した言葉でしょう。「ふいっと」というところに飛躍があります。私たちは、仏法なんて除々にわかることだろうと思っているわけですが、実は「ふいっと」という飛躍が最も肝要です。「さとり」とか「獲信《ぎゃくしん》」は、決して私たちの理知の延長上で何かがわかるということではないのです。それなら、わかった自分とわかったこととは同質ですから、救いになるはずはありません。「自覚」や「覚醒」は異質なものとの出遇いですから、かならず飛躍があるのです。意外性とも言えるゆえんでしょ

う。

A　信仰なんて、する気にならんですね。

B　どうして？

A　神とか仏とかに頼るなんて、不合理千万ですよ。

B　そういう信仰なら、私も同感です。

A　自分は現代人ですから、合理主義ですよ。

B　でもそれなら、不合理主義と五十歩百歩ですね。

A　どうして？

B　なぜって、一方は理性無視ですし、あなたは理性至上でしょ。両極は同質ですから。

A　それじゃ、あなたの言う信仰とは？

B　理性に立場する両極を、共に非とする真実の智慧への帰依《きえ》です。

「自信教人信《じしんきょうにんしん》」とはいったいどういうことなのか？

「自信」から開かれた「教人信」に極まる必然性

真宗で「教化」の課題と言えば、「自信教人信」という言葉が熱く注目されます。この言葉は、真宗仏教伝統の第五祖である中国の善導大師が、如実の仏恩報謝はこれに極まるとして述べられたものです。それが真宗門徒にとって親しみ深い大切な言葉となったのは、蓮如上人によるのではないかと思われます。と言うのは、蓮如上人が書かれた『御文』をはじめ、上人の言動を伝えた『蓮如上人御一代記聞書』などでも再々にわたってこの「自信教人信」という言葉が引用され、真実信心に生きるすがたを自らの生きかたに重ねて用いられてきたということとがあるからです。
ところで、親鸞聖人はこの「自信教人信」という言葉を『教行信証』に二回引用されています。ひとつは「信巻」の「真仏弟子《しんぶつでし》」を讃えられるところ、もうひとつは「化身土巻」で「仏智疑惑」（真門義）を明らかにされるところです。前者は真宗の人間像、つまり真宗との出遇いによってどんな人間が誕生するのかを表すものと言えるでしょうし、後者は真宗の教化像、つまり真に伝えるということは、どこで成り立つかを表すものと言えるでしょう。

そこで親鸞聖人は「自信教人信」という言葉を、「自ら信じ人を教えて信ぜしむ」と読まれています。ここには、〝自ら信ずる〟という「自信」と、〝他に教える〟という「教人信」とのふたつが示されています。私たちはこれを別のふたつのことであると執着しますから、「自信」してから「教人信」するのか、それとも「自信」しながら「教人信」もするのか、などと解釈に迷ってしまいます。

しかし、親鸞聖人は『正像末和讃』において、「願作仏心《がんさぶっしん》・度衆生心《どしゅじょうしん》」という言葉を使って、

　浄土の大菩提心《だいぼだいしん》は
　　願作仏心をすすめしむ
　すなわち願作仏心を
　　度衆生心となづけたり

と讃えられ、そのふたつを「すなわち」と受けとめられています。それは、「自信教人信」が、ひとつの「如来よりたまわりたる信心」のふたつの相だからです。

では、なぜひとつの信心をふたつに開かれたのでしょうか。「自信」だけでよさそうに思えるものを、なぜそこに「教人信」を開かれたのか。おそらくそれは「自信」の根拠と同時に、「自信」の証《あか》しを示すためではないでしょうか。

「たまわりたる信心」は、具体的にはかえって〝人の信に教えられて、自ら信ず〟という教人信自信の事実であったことの喜びであり、それゆえに同時にまた、その喜びは「人を教えて信ぜしむ」という、他者と共にという、証しの歩みをもつものとなるからです。ここに「自信」から開かれた「教人信」に極まる必然性を覚えます。

真宗教化とは、仏の事業への参加という功徳

仏教でいう「恩」という言葉の原語「kṛta（クリタ）」は「作《な》されたる」、あるいは「作されたるもの」の意と言われます。つまり「恩」とは私を生かすために「作されたる」恵みをさしているのです。それゆえ自らに「作されたるもの」を知ること（知恩）は、同時に「作されたる」ことによって得た力を挙げて、「作す」ことへ参加すること（報徳）を表わしています。

つまり、報恩とは「恩を知らされた」ことにもとづく「恩を報《し》らせる」生きかた、行為・行動です。そこに連続してかぎりなく報恩の生に生きる歴史、伝統の形成があると言えるのでしょう。

ここにきてあらためて言えば、「自信教人信」とは決して特別な課題ではなく、「たまわりたる」真実信心がもつ自証性としての生きかた、つまり行為性・行動性を表すものと言えるでしょう。その意味で「自信教人信」は、真宗に遇いえた感動の中で、真宗を証ししていく責任と使命に生きるという〝真宗の人間像〟を告げているのです。

諸仏の導き（教人信）によって成り立つ「自信」は、不可思議にもまた諸仏の伝統に召されていく「自信」です。それゆえ「真宗教化」と言った場合、それは決して人間に立脚した人間の事業でなく、どこまでも仏に立脚した仏の事業であり、かぎりなく仏に教化せられていくことで成り立つ、仏の事業への参加という功徳にほかならないのです。

親鸞聖人の深い悲傷にこそ真宗の教化像を見る

そうした真宗教化の成り立ちの核心を、私たちは改めて親鸞聖人の告白に聞かねばなりません。『正像末和讃』では、先にあげた一首に続いて、

如来《にょらい》の回向《えこう》に帰入《きにゅう》して
　願作仏心をうるひとは
自力《じりき》の回向をすてはてて
利益有情《りやくうじょう》はきわもなし

と詠《えい》じられています。そこにうたわれている「自力の回向をすてはてて」に、「利益有情はきわもなし」。大事なのはこの一点ですね。

その内実を親鸞聖人は、「小慈小悲《しょうじ》もなき身にて、有情利益はおもうまじ」、さ

らに「是非しらず邪正《じゃしょう》もわかぬこのみなり、小慈小悲もなけれども、名利《みょうり》に人師《にんし》をこのむなり」と深い悲傷をうたわれ、そしてついには「親鸞は弟子一人《いちにん》ももたずそうろう」（『歎異抄』第六条）とまで言葉を極められています。

これらは決して単なる個人的な自己反省の類でなく、一点のごまかしもなく自分を照らしだす真実の光に賜《たまわ》った悲しみです。だからこそ親鸞聖人は、同時に照らしだした光への讃嘆へと立ちあがっていかれたのでした。

その意味で「弟子一人ももたずそうろう」という告白は、教法までも私有化してやまない自らの闇、それこそ「仏智疑惑」の罪を知らしめられた痛みと、真理の前ではすべての人が等しく聞く存在であり、救われる存在として、本来的に共にある関係であったことを知らされたという懺悔を表すものと言えましょう。

「弟子一人ももたず」は、「弟子一人ももてず」という、真理に対する無私の姿勢であり、それゆえにそれは、かぎりなき真理への讃嘆に生きることに転じていくのです。そうした聖人の深い悲傷にこそ、真宗の教化像を教えられていることが強く感じられます。

あとがき

あたえられた「真宗入門」の課題のもとで、真宗要語（基本語）の幾つかをとりあげてきましたが、私の発信点は〈序章・「入門」を問う〉に述べたように、単に教語の解説でなく、それが自分にとって何を意味することなのか、つまりそれによって自分に何が問われているのかを聞思する一点からでした。

しかしそのことの明確化は決して容易ではなく、読み返してみてその点恥じ入るばかりですが、いまは読者の皆さんと「問い」の共有化が生まれればと願うほかありません。

最後にここで、〈第5章・「念仏」とは〉で述べました称名念仏《しょうみょうねんぶつ》が、仏のよび声であることについて、次の補足を記して結びとします。

仏のよび声（称名）は衆生《しゅじょう》（私たち）に聞かれなければ（聞名《もんみょう》）成就しません。しかもそれは、よぶ仏意に相応することですから、すでによび声自身が「聞く」主体となるよび声であります。

なぜなら、もし「よぶ」（称名）と「聞く」（聞名）とが別であれば、「聞く」主体は私心《いしん》（われ）となり、私心で聞けば、念仏の私有化・手段化の背信に堕するほかないからです。称名の主体が仏であればこそ、私たちのうえに他者との出《で》遇《あ》い、「御同朋《おんどうぼう》」の根源的連帯をひらく「僧伽《さんが》の大行《だいぎょう》」と言われるゆえんでありましょう。

それゆえ親鸞は『一念多念文意《いちねんたねんもんい》』に、

名号《みょうごう》を称《しょう》すること、とこえ、ひとこえ、きくひとと記して、「とこえ・ひとこえ」（称名）と、「きく」（聞名）こととが一つであることを明言しているのです。

こうした「称名」の意義を、古人は〝山彦《やまびこ》〟の譬喩をもって表しています。山の頂《いただき》からオーイと呼ぶ、向こうの谷底からオーイと応《こた》える。まさに呼応一如の事実です。呼ぶ声（主体）と応える声（主体）とが一つです。「聞く」は単に耳が聞くという物質的な聞きかたを超えて、身根《しんこん》（「根」はその感覚能力のこと）に聞き、身がそれによって動かされることです。ゆえに「聞く」は、われを去って真理に随順する意味ですから、そこにはわれがいない、無私を表します。まことに、

きくというは信心《しんじん》をあらわす御《み》のりなり。

（同前）

ですから、「聞く」は自力の分別のわれの死、「心命終」を告げる一念の信心です。

本書は、二〇一三年七月号から二〇一五年六月号までの二年間にわたり、月刊『同朋《どうぼう》』誌（東本願寺出版発行）「真宗入門」のコーナーへ連載したものです。記して謝意を表します。

二〇一六年六月

池田　勇諦

著者略歴

池田勇諦（いけだ・ゆうたい）

1934年三重県生まれ。東海同朋大学（現・同朋大学）仏教学部卒業。大谷大学大学院博士課程修業。元同朋大学学長。現在、同朋大学名誉教授。真宗大谷派講師。真宗大谷派三重教区西恩寺前住職。著書に、『真宗の実践』『親鸞聖人と現代を生きる』『親鸞から蓮如へ 真宗創造―『御文』の発遣』（以上、東本願寺出版）、『信心の再興―蓮如『御文』の本義』（樹心社）ほか。

浄土真宗入門《じょうどしんしゅうにゅうもん》 ―親鸞《しんらん》の教《おし》え

2016（平成28）年7月15日　第1刷発行
2020（令和2）年5月28日　第3刷発行

著　者……池田勇諦
発行者……但馬　弘
編集発行……東本願寺出版（真宗大谷派宗務所出版部）
〒600-8505　京都市下京区烏丸通七条上る
TEL　075-371-9189（販売）
075-371-5099（編集）
FAX　075-371-9211
印刷・製本……シナノ書籍印刷株式会社

ISBN978-4-8341-0532-2 C0215